東京・足立区の
おいしい給食 レシピ

足立区教育委員会おいしい給食担当課

主婦の友社

はじめに

日本一の給食 を目指す、東京・足立区の挑戦。

足立区の給食はなぜおいしい？

　東京都23区の最北端に位置する足立区は、人口約70万人が暮らす、「都心の利便性」と「水と緑の豊かさ」の両面を併せ持つエリアです。**足立区が「おいしい給食」事業に取り組み始めたのは2007年のこと。その背景には、給食の残菜（食べ残し）がありました。** 当時、東京都の生ごみの多くを占めたのが、給食の残菜。二酸化炭素の削減という観点からも、残菜を減らすことは非常に重要と考え、「おいしい給食」事業がスタートしました。

　以前の足立区の給食は、学校ごとに味にバラつきがあり、「足立区内で転校した子どもが給食を食べなくなった」というご意見をいただくこともありました。残菜を減らすためには、どの学校でもバラつきのない「おいしい給食」を提供することが必要だったのです。

　さらに、1日3食のうちの1食となる給食は、子どもたちの重要な栄養の補給源であり、体をつくる基盤。行政がコミットできる「給食」で、子どもたちに生き抜く力を身につけてほしい。そんな強い思いを胸に、各校の栄養士、調理員はもちろんのこと、先生も一丸となって「おいしい給食」に取り組むように。たくさんの大人たちが学校給食と本気で向き合い、支えてきました。

　各学校の取り組みによって、**今では小学生の97％、中学生の95％が「給食がおいしい」と答えています**（令和5年度　小学6年生・中学2年生の調査より）。では、そのおいしさの秘密は何なのでしょうか。

現在、足立区には千住地域を中心に6つの大学があり、子どもたちの学びを支えています。こうした教育環境の充実もあり、子育て世代から注目されるエリアになりました。

足立区の「おいしい給食」が目指すのは心と体を豊かにするあたたかい1食

足立区の「おいしい給食」には、**大きな柱が4つ**あります。

① できたての「味」
② 安全・安心で地のもの、旬のものを取り入れた「食材」
③ 子どもたちが食べたくなる「献立」
④ 安全面・衛生面に配慮した「調理環境」

　足立区立の小・中学校には、各校に給食室があり原則1人、栄養士が在籍しています。栄養士は、単に子どもたちが好きな味というだけでなく、栄養バランスや食べやすさ、食材の旬、費用面などさまざまな工夫を凝らして献立を作成しています。
　さらに各学校では、毎日朝からだしをとり、調理済みの加工食品は原則使用せず、一から手作りした「できたての給食」を提供します。
　そのような給食は、子どもたちが「おいしい」と感じることはもちろん、自然の恵みや料理を作ってくれる人への感謝の気持ちを育み、子どもたちの心と体の豊かな成長へとつながっています。
　さらに足立区が力を入れたのは、"嫌い"をなくす工夫です。それまでは給食を残してしまう子どもたちが多く、2008年には足立区の小・中学校の平均残菜率は11.5％と、とても高い数字でした。それが、子どもたちがより食べやすくなるよう調理方法や味つけを工夫し、学校全体で「おいしい給食」に取り組んだところ、2023年度には3.5％まで減少しました。
　量にすると約270トンの残菜を削減したことになり、当初の目的であった環境問題対策にも寄与しています。

「足立区の給食」が日本一な理由＞＞＞＞＞

子どもたちの笑顔がいっぱい！
これが足立区の給食の魅力

天然だしで素材本来のおいしさを味わう

残菜率を減らすだけなら、子どもたちが好きなものをメニュー化したり、贅沢な食材を提供すれば、すぐに達成できるかもしれません。でも足立区の給食は、栄養面や健康面も重視しています。**だしは市販のものではなく、鶏がらや豚骨、かつお節や昆布などからとる天然だしを使用。**ほぼすべて食材から調理しています。だしのうまみを感じたり、さまざまな食べ物の味を経験することによって、子どもたちの正しい味覚を育んでいます。ちなみにデザートも原則既製品は使わず、やさしい味を心がけて手作りしています。

栄養たっぷりの野菜料理がいっぱい

「ひと口目は野菜から。いただきます！」、足立区の子どもたちにおなじみの食事の前の合言葉。足立区では、子ども自身が正しい食生活と自分の健康を守る食に関する知識を身につける独自の取り組み**「あだち食のスタンダード」**を進めています。小・中学校の給食では旬の野菜を使った「野菜の日」や「小松菜一斉給食」を設けるなど、1年を通してたくさんの野菜を取り入れた献立づくりを意識しています。子どもたちは毎日の給食を通じて、楽しくおいしく**「野菜を食べよう！」「野菜から食べよう！」**を実践しています。

地産地消で新鮮なジモト野菜の味を知る

"おいしい給食"には地元産の農作物を使用したメニューもたくさん登場します。なかでも**足立区内の生産量1位を誇る伝統野菜の小松菜は定番食材**。地域の農家で生産された小松菜が給食室に届きます。新鮮だからこそ「みずみずしくて甘い」「シャキシャキしてる！」と子どもたちにも大好評。さらに身近にある畑の恵みや、生産者に感謝の気持ちを持つきっかけに。地産地消の取り組みは食育の一環として、地域の食文化を学ぶ機会にもつながっています。

「おいしい給食」を支えるプロフェッショナルたちの"本気"

足立区の"日本一おいしい給食"事業は、たくさんのプロフェッショナルに支えられています。教育委員会に設置されている「おいしい給食担当課」の職員はもちろんのこと、各学校には栄養面や献立を考える栄養士、毎日の給食を作ってくれる調理員がいます。さらに野菜を届けてくれる生産者をはじめ、応援してくれる企業を含めて、この事業にかかわる人たちみんなが子どもたちのために頑張っています！ この本では「プロフェッショナルたちの本気」と題したインタビューも掲載しています。

タケベーカリー 長嶋さん
>>> 52ページへ

小松菜農家 宇佐美さん
>>> 76ページへ

今日の給食も栄養バランス、ボリューム、おいしさ満点！

おいしく食べるための工夫がすごい！

各学校の栄養士は、日々、子どもたちの「食べてみよう！」という気持ちに働きかけるさまざまな工夫をしています。季節や地域性に合った献立はもちろんのこと、世界の料理や行事食メニューを考案したり、豆や小魚など苦手な食材をおいしく食べてもらえる調理法にチャレンジしたり、あの手この手で**子どもたちの食に対する興味関心を促しています**。たとえば小魚はカレー味にしたり、春巻きの皮で包んで揚げたり。大豆はこまかくしてひき肉と合わせたり……。給食には「おいしい」を目指しながらも、バランスよくいろいろな食材を食べてもらいたいという、栄養士たちの強い思いとこだわりが詰まっています。

自校調理だから"できたて"をすぐ

足立区の小・中学校では、**校内の調理室で給食を作る自校方式**を採用しています。調理員が毎日、当日分を手間ひまかけて調理した"できたて"の味だからこそ、「**アツアツ**」「**ふっくら**」「**サクサク**」といったおいしい食感や温度を感じることができます。

目指すは残菜ゼロ！

Contents

はじめに　日本一の給食を目指す、東京・足立区の挑戦。 …… 2
　　　　　　子どもたちの笑顔がいっぱい！これが足立区の給食の魅力 …… 4

この本の使い方 …… 8

Part 1　足立区立の現役小・中学生が選ぶ
人気献立ベスト10 …… 9

- 給食のカレーライス献立 …… 10
- えびクリームライス献立 …… 12
- ねぎ塩豚丼献立 …… 14
- チキンのタレカツ献立 …… 16
- ヤンニョムチキン献立 …… 18
- 魚のみそマヨネーズ焼き献立 …… 20
- ししゃもの二色春巻き献立 …… 22
- 野菜たっぷりしょうゆラーメン献立 …… 24
- 2種の揚げパンとチリコンカン献立 …… 26
- ヘルシージャージャー麺献立 …… 28

プロフェッショナルたちの本気　楽彩(株) …… 30
給食の調理員の1日 …… 32

Part 2　足立区立の小・中卒業生が選ぶ「またあれ食べたい！」
懐かしの給食献立ベスト8 …… 33

- ハンガリアンシチュー献立 …… 34
- キムチチャーハン献立 …… 36
- こぎつねごはん献立 …… 38
- スパゲティーミートソース献立 …… 40
- チキンロール献立 …… 42
- ほっこり筑前煮献立 …… 44
- 中華おこわとスープの献立 …… 46
- けんちんうどん献立 …… 48

プロフェッショナルたちの本気　（株）セブン-イレブン・ジャパン …… 50

プロフェッショナルたちの本気　（有）タケベーカリー …… 52

Part3 残菜ゼロを目指す！学校栄養士がおすすめ「子どもが残さず食べてくれる」野菜献立ベスト8 …… 53

足立区栄養士インタビュー …… 54

ピリ辛小松菜丼献立 …… 58
小松菜のクリームスパゲッティ献立 …… 60
小松菜入りジャンボ揚げ餃子献立 …… 62
小松菜入り豆腐つくね献立 …… 64
キャベツのグラタン献立 …… 66
大豆入りドライカレー献立 …… 68
切干大根のビビンバ献立 …… 70
きんぴらドック献立 …… 72
栄養士さんが教える人気ドレッシングレシピ6 …… 74

プロフェッショナルたちの本気　宇佐美農園 …… 76

Part4 楽しい食シーンも提供！「世界の料理」と「日本の郷土料理」 …… 79

From Taiwan　　ルーローハン献立 …… 80
From England　　シェパーズパイ献立 …… 82
From Thailand　　ガパオライス献立 …… 84
From Okinawa　　厚揚げチャンプルー献立 …… 86
From Hokkaido　　鮭のちゃんちゃん焼き献立 …… 88

主な材料別索引 …… 90

おわりに …… 94

この本の使い方

材料は大人の2人分、
レシピも家庭で作りやすくアレンジしています。

◆この本で紹介しているレシピは、「足立区のおいしい給食」のレシピを家庭で作りやすいようにアレンジしたものです。材料は大人2人分を基本にしています。
◆電子レンジのワット数は、600Wを基本としています。
◆大さじ1は15ml、小さじ1は5ml、1カップは200ml、1合は180mlです。
◆「だし」は、かつお節・昆布ベースの液体の和風だしです。
◆「スープのもと（顆粒）」は洋風のだし、「鶏ガラスープのもと」は鶏ベースの中華だしです。
◆酒は、料理酒です。
◆はちみつを使う料理は、1歳未満の乳児には与えないでください。

◆カレーなどの煮込み料理では、実際の給食の味に近づくように、さまざまな調味料を組み合わせています。ご家庭にない場合は、あるもので代用してもかまいません。
◆実際の給食の調理現場では、安全なものを提供するため、果物以外のほぼすべての食材と調味料を加熱しており、その作り方を記載しています。ご家庭ではふだんどおりの作り方でもかまいません。

●エネルギー量、塩分、栄養の通信簿は、牛乳を含めた1人分の数値です

◆足立区の学校給食の献立には、毎食牛乳200ml（126kcal）がつき、基本的に3～4つのメニューで構成されています。紹介している果物はあくまでも1つの例ですので、お好みで旬のものを選んでください。
◆献立全体のエネルギー量（カロリー）、塩分量、栄養の通信簿には、牛乳分を含めた数値を掲載しています。
◆栄養の通信簿のグラフは、成人（30～40代女性）が1食あたりで摂取すべき量を100％としています。
◆グラフの12栄養素は、たんぱく質、脂質、炭水化物、カルシウム、マグネシウム、鉄、亜鉛、ビタミンA、ビタミンB₁、ビタミンB₂、ビタミンC、食物繊維です。毎日の食事で各栄養素をバランスよく摂るようにしましょう。

足立区立の現役小・中学生が選ぶ
人気献立ベスト10

今、足立区立の小・中学校に通っている子どもたちに
大好評の献立10種を集めました。
変わらない定番メニューから、今どき話題のメニューまで
見た目も味も魅力満点の献立をご紹介します。

人気献立 1

今も昔も人気No.1！
給食のカレーライス献立

給食で食べるカレーライスって、なんであんなにおいしいのでしょう？
おいしさの秘密は、調味料のバランス！ちょっと手がかかりますが、家でも試す価値あり！です。

主食 給食のカレーライス

● 材料（2人分）

豚こまぎれ肉 … 80g
玉ねぎ … 1/2個（90g）
にんじん … 1/4本（45g）
じゃがいも … 小1個（60g）
しょうが … 小1かけ（10g）
にんにく … 1かけ（8g）
サラダ油 … 小さじ1/2
A ┌ サラダ油 … 大さじ1
　├ 小麦粉 … 大さじ1強
　└ カレー粉 … 小さじ1
B ┌ 水 … 1カップ
　├ スープのもと（顆粒）… 小さじ1/2
　└ ローリエ … 1枚
C ┌ 塩 … 小さじ1/4
　├ こしょう … 少々
　├ ウスターソース、
　│ しょうゆ、
　│ トマトピューレ
　│ … 各小さじ1
　└ はちみつ … 小さじ1/2
温かいごはん … 1合分
ガラムマサラ … お好みで

● 作り方

1 玉ねぎは薄切りにする。にんじんは1cm厚さのいちょう切りにする。じゃがいもは一口大に切る。しょうが、にんにくはみじん切りにする。

2 フライパンにAのサラダ油と小麦粉を入れ、弱火できつね色になるまで炒める。Aのカレー粉を加え、香りが出たら火を止める。

3 鍋にサラダ油、しょうが、にんにくを入れて中火で炒める。香りが立ったら豚肉を加えて炒め、肉の色が変わったら、野菜を順に加えて玉ねぎが半透明になるまで炒める。

4 3にBの材料を加えて10分ほど煮る。アクが出てきたらとり除き、野菜がやわらかくなったら、Cの調味料をすべて加えて煮込む。

5 一度火を止め、2のルーをかき混ぜながら加えて煮とかし、再び弱火にかけて5分ほど煮込み、お好みでガラムマサラを加えて味をととのえる。皿にごはんを盛り、カレーをかける。

デザート フルーツパンチ

● 材料（2人分）

パイナップル、白桃、みかんなどお好みのフルーツ（缶詰）… 100g
サイダー … 1/2カップ

● 作り方

フルーツはシロップをよくきって食べやすい大きさに切る。器に盛り、サイダーをかける。

副菜 アップルドレッシングサラダ

● 材料（2人分）

キャベツ … 大1枚（70g）
にんじん … 1cm（10g）
小松菜 … 1/2株（20g）
きゅうり … 1/3本（35g）
A ┌ りんご（すりおろす）… 大さじ1（18g）
　├ 玉ねぎ（すりおろす）… 小さじ2（12g）
　├ 酢 … 小さじ1
　├ サラダ油 … 大さじ1/2
　├ 砂糖 … ひとつまみ
　├ 塩 … ひとつまみ
　└ こしょう … 少々

● 作り方

1 キャベツは4cm長さの細めの短冊切り、にんじんはせん切り、小松菜は3cm長さのざく切り、きゅうりは輪切りにする。

2 耐熱容器にAの材料をすべて入れ、ラップをふんわりかけて電子レンジで1分30秒加熱する。一度とり出して混ぜ、さらに30秒加熱し、辛みが残っているようであれば様子を見ながら追加加熱して冷ます。

3 鍋に湯を沸かし、キャベツ、にんじん、小松菜、きゅうりの順に入れてゆでる。きゅうりを入れたらすぐに流水で冷まし、水けを絞る。

4 ボウルに3を入れ、食べる直前に2を加えてあえる。

栄養の通信簿
給食のカレーライス献立

たんぱく質 79%
脂質 112%
炭水化物 107%
カルシウム 139%
マグネシウム 84%
鉄 57%
亜鉛 124%
ビタミンA 137%
ビタミンB1 145%
ビタミンB2 118%
ビタミンC 117%
食物繊維 115%

1食あたりの理想栄養摂取量を100%とする

人気献立 2

もはや足立区のソウルフード！
えびクリームライス献立

キャロットライスに、えびやきのこのうまみがとけ込んだ牛乳たっぷりのホワイトソースをかけた大人気メニュー。
実は先生たちも楽しみにしているメニューなんです。

主食 えびクリームライス

● 材料（2人分）

むきえび … 10尾（50g）
鶏むね肉 … 20g
玉ねぎ … 1/2個（90g）
エリンギ … 1/2本（20g）
にんじん … 2cm（20g）
米 … 1合
A ┌ バター … 20g
　├ 小麦粉 … 大さじ2
　└ 牛乳 … 1/2カップ
B ┌ 水 … 1/2カップ
　└ 鶏ガラスープのもと … 小さじ1/2
C ┌ 塩 … ひとつまみ
　└ こしょう … 少々
生クリーム … 大さじ1
バター … 小さじ1/2
サラダ油 … 小さじ1
ドライパセリ … お好みで

● 作り方

1 鶏肉は一口大に切る。玉ねぎは薄切り、エリンギは短冊切り、にんじんはみじん切りにする。
2 にんじんをバターで炒める。
3 米は炊く30分前に洗ってざるに上げておく。米を炊飯器に入れて2を加え、水を1合の目盛りまで入れて炊く。
4 小鍋にAのバターを入れて火にかけ、とけてきたら小麦粉を加えて弱火で焦がさないように炒める。牛乳を少量ずつ加え、ダマにならないようによく混ぜ合わせる。
5 鍋にサラダ油を中火で熱し、鶏肉、えび、玉ねぎ、エリンギを順に加えて炒め、Bを加えて具材に火が通るまで煮る。Cで調味し、4と生クリームを加えて混ぜる。
6 3が炊き上がったら器に盛り、5をかける。好みでパセリをふる。

副菜 カリカリさつまいもサラダ

● 材料（2人分）

さつまいも … 小1/4本（40g）
キャベツ … 大1枚（70g）
にんじん … 2cm（20g）
きゅうり … 1/4本（25g）
もやし … 1/8袋（25g）
A ┌ 砂糖、酢 … 各小さじ1
　├ 塩 … 小さじ1/4
　├ こしょう … 少々
　└ サラダ油 … 大さじ1/2
サラダ油 … 大さじ1/2

● 作り方

1 さつまいもは細切りにして水にさらす。キャベツ、にんじん、きゅうりはせん切りにする。
2 フライパンにサラダ油をひき、さつまいもの水けをよくきって入れ、カリカリになるまで揚げ焼きにし、油をきる。
3 鍋に湯を沸かし、キャベツ、にんじん、もやしをゆで、きゅうりを加えたらすぐに流水で冷まし、水けを絞る。
4 耐熱容器にAを入れて混ぜ合わせ、ラップをふんわりかけて電子レンジで20秒加熱し、冷ます。
5 ボウルに3を入れ、食べる直前に4を加えてあえる。器に盛って2をのせる。

栄養の通信簿

えびクリームライス献立

- たんぱく質 83%
- 脂質 133%
- 炭水化物 97%
- カルシウム 161%
- マグネシウム 80%
- 鉄 37%
- 亜鉛 109%
- ビタミンA 132%
- ビタミンB1 79%
- ビタミンB2 128%
- ビタミンC 96%
- 食物繊維 60%

1食あたりの理想栄養摂取量を100%とする

人気献立 3

野菜いっぱいで食べごたえ抜群！
ねぎ塩豚丼献立

給食で大人気の丼。丼の献立にはサラダや果物を添えると、栄養バランスがととのいます。
冷蔵庫にある食材でパパッと作れる手軽さもうれしいポイント。

主食 ねぎ塩豚丼

● 材料（2人分）

豚こまぎれ肉 … 100g
A ┌ 長ねぎ … 8cm（16g）
　├ ごま油 … 小さじ1/2
　└ 塩 … 小さじ1/4
もやし … 1/2袋（100g）
玉ねぎ … 1/2個（90g）
にんにく … 1/4かけ（チューブなら2cm）
万能ねぎ … 2本（8g）
B ┌ 酒、レモン汁 … 各小さじ1
　├ 塩 … 小さじ1/4
　└ こしょう … 少々
C ┌ かたくり粉 … 小さじ1/2
　└ 水 … 大さじ2
いり白ごま … 小さじ1
温かいごはん … 1合分
サラダ油 … 小さじ1/2
ごま油 … 小さじ1

● 作り方

1 豚肉は大きければ食べやすく切り、Aとともにポリ袋に入れてもみ込む。
2 もやしはさっと湯通しし、水けをきる。玉ねぎは薄切り、にんにくはみじん切りに、万能ねぎは1.5cm長さに切る。
3 Bを混ぜ合わせてたれを作る。
4 フライパンにサラダ油、にんにくを入れて中火で炒め、香りが立ったら1を加えて炒める。火が通ったらとり出す。
5 フライパンにごま油、玉ねぎ、もやしを入れて中火で炒める。火が通ったら、4を戻し入れ、万能ねぎ、3を加えて炒め合わせる。仕上げにといたCでとろみをつける。
6 器にごはんを盛り、5をのせてごまをふる。

副菜 春雨サラダ

● 材料（2人分）

緑豆春雨 … 7g
キャベツ … 大1枚（70g）
にんじん … 1cm（10g）
きゅうり … 1/4本（25g）
もやし … 1/8袋（25g）
A ┌ しょうゆ … 大さじ1/2
　├ 砂糖、酢、ごま油 … 各小さじ1
　└ 塩 … 少々

● 作り方

1 春雨は表示どおりにゆで、水けを絞って5cm長さに切る。
2 キャベツは4cm長さの短冊切り、にんじんときゅうりはせん切りにする。
3 鍋に湯を沸かしてにんじんを入れ、やわらかくなったらキャベツ、もやし、きゅうりを加えてさっとゆでる。流水で冷まし、水けを絞る。
4 耐熱容器にAを入れて混ぜ合わせ、ラップをふんわりかけて電子レンジで20秒加熱し、冷ます。
5 ボウルに1と3を入れて混ぜ、食べる直前に4を加えてあえる。

果物 冷凍みかん

栄養の通信簿
ねぎ塩豚丼献立
- たんぱく質 85%
- 脂質 103%
- 炭水化物 97%
- カルシウム 140%
- マグネシウム 88%
- 鉄 46%
- 亜鉛 146%
- ビタミンA 88%
- ビタミンB₁ 169%
- ビタミンB₂ 135%
- ビタミンC 171%
- 食物繊維 72%

1食あたりの理想栄養摂取量を100%とする

人気献立 4

友好都市・魚沼市の味を給食で！
チキンのタレカツ献立

足立区と新潟県魚沼市は50年以上も友好都市の関係です。
田植えや稲刈りを行ったり、年に一度の「魚沼産コシヒカリ給食」の日は新潟の郷土料理を味わえて大好評です。

主菜 チキンタレカツ

● 材料（2人分）

鶏むね肉 … 1/2枚（140g）
A ┌ 酒 … 小さじ1
　├ 塩 … 少々
　├ こしょう … 少々
　└ ガーリックパウダー（あれば）… 少々
しょうが … 1/2かけ（8g）
B ┌ だし（または水）… 大さじ1
　├ 砂糖 … 大さじ1/2
　├ しょうゆ … 小さじ2
　├ みりん … 小さじ1
　└ 酒 … 小さじ1/2
とき卵 … 適量
小麦粉、パン粉（乾燥）、揚げ油 … 各適量

● 作り方

1 鶏肉は4等分のそぎ切りにし、めん棒などでたたいてのばす。ポリ袋に入れ、Aを加えてもみ込む。
2 しょうがは薄切りにする。鍋にしょうがとBを入れて煮立たせ、香りが立ったらしょうがをとり出す。
3 1の鶏肉に小麦粉、とき卵、パン粉の順で衣をつける。
4 フライパンに多めの油と3を入れて中火にかける。両面をこんがりと揚げ焼きにし、火が通ったら油をきって2にさっとくぐらせる。

副菜 おかかあえ

● 材料（2人分）

キャベツ … 大1/2枚（35g）
小松菜 … 1/2株（20g）
にんじん … 2cm（20g）
もやし … 1/4袋（50g）
A ┌ しょうゆ、だし … 各小さじ1
　└ 酒、砂糖 … 各小さじ1/4
削り節 … 小1/2袋（2g）

● 作り方

1 キャベツは4cm長さの細めの短冊切り、小松菜は3cm長さのざく切り、にんじんはせん切りにする。
2 鍋に湯を沸かしにんじんを入れ、キャベツ、小松菜、もやしを加えてさっとゆで、流水で冷まして水けを絞る。
3 耐熱容器にAを入れて混ぜ合わせ、ラップをふんわりかけて電子レンジで15秒加熱し、冷ます。
4 ボウルに2を入れ、食べる直前に3と削り節を加えてあえる。

汁物 のっぺい汁

● 材料（2人分）

大根 … 2cm（40g）
にんじん … 2cm（20g）
里いも … 1個（60g）
ごぼう … 4cm（20g）
長ねぎ … 10cm（20g）
油揚げ … 1/3枚（6g）
だし … 1と1/2カップ
A ┌ 塩 … ひとつまみ
　├ しょうゆ … 小さじ1
　└ 酒 … 小さじ1/2
B ┌ かたくり粉 … 小さじ1
　└ 水 … 大さじ1

● 作り方

1 大根とにんじんは5mm厚さのいちょう切り、里いもは厚めのいちょう切りにする。ごぼうは斜め薄切りにして水にさらし、長ねぎは小口切りにする。油揚げは熱湯をかけて油抜きし、短冊切りにする。
2 鍋にだしを入れ、大根、にんじん、里いも、ごぼう、油揚げを加えて煮る。アクが出たらとり、野菜がやわらかくなるまで煮る。
3 Aで調味し、といたBでとろみをつける。長ねぎを加えてひと煮する。

主食 ごはん

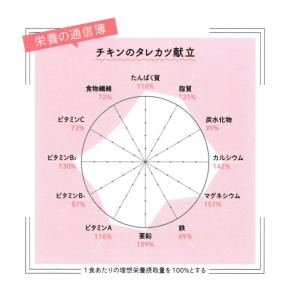

栄養の通信簿　チキンのタレカツ献立

- たんぱく質 118%
- 脂質 121%
- 炭水化物 99%
- カルシウム 142%
- マグネシウム 107%
- 鉄 69%
- 亜鉛 109%
- ビタミンA 116%
- ビタミンB1 87%
- ビタミンB2 130%
- ビタミンC 72%
- 食物繊維 72%

1食あたりの理想栄養摂取量を100%とする

人気献立 5

"食旅"で韓国へ
ヤンニョムチキン献立

「料理で世界を知る」のも食育の一つ。給食のメニューが子どもたちにとって初めて出会う海外グルメになることも。特に甘辛く味つけたヤンニョムチキンは大人気！

主菜 ヤンニョムチキン

● 材料（2人分）

鶏もも肉 … 120g
A ┌ 玉ねぎ（すりおろす）… 大さじ1（18g）
　│ 酒 … 小さじ1
　└ 塩、こしょう … 各少々
かたくり粉 … 適量
長ねぎ … 5cm（10g）
B ┌ トマトケチャップ … 大さじ1
　│ コチュジャン … 小さじ1/2
　│ にんにく（チューブ）… 3cm（3g）
　└ 水 … 小さじ1
オリーブ油 … 小さじ1/2
揚げ油 … 適量

● 作り方

1 鶏肉は4等分に切り、食べやすく開く。ポリ袋にAとともに入れてもみ込む。
2 1の鶏肉にかたくり粉をまぶし、180度の油で揚げる。
3 フライパンにオリーブ油、みじん切りにした長ねぎを入れて中火で炒め、Bを加える。
4 混ぜながらふつふつしてきたら、2を入れてソースをからめる。

副菜 ナムル

● 材料（2人分）

きゅうり … 1/3本（35g）
にんじん … 1cm（10g）
もやし … 1/2袋（100g）
A ┌ 砂糖、酢 … 各小さじ1
　│ 塩 … ひとつまみ
　│ しょうゆ … 小さじ2/3
　└ ごま油 … 小さじ1/2
いり白ごま … 小さじ1

● 作り方

1 きゅうり、にんじんはせん切りにする。
2 耐熱容器にもやしとにんじんを入れ、ラップをふんわりかけて電子レンジで3分加熱する。あら熱がとれたら水けを絞り、きゅうりと合わせる。
3 別の耐熱容器にAを入れて混ぜ合わせ、ラップをふんわりかけて電子レンジで20秒加熱し、冷ます。
4 ボウルに2を入れ、食べる直前に3、ごまを加えてあえる。

汁物 トックスープ

● 材料（2人分）

トック … 20g
ロースハム … 1枚（10g）
絹ごしどうふ … 1/8丁（40g）
玉ねぎ … 1/8個（20g）
小松菜 … 1/2株（20g）
カットわかめ（乾燥）… 小さじ1（1g）
卵 … 1個
A ┌ 水 … 1と1/2カップ
　└ 鶏ガラスープのもと … 小さじ1
B ┌ 塩 … ひとつまみ
　└ しょうゆ … 小さじ2/3
C ┌ かたくり粉 … 小さじ1
　└ 水 … 小さじ2

● 作り方

1 ハムは短冊切り、とうふはさいの目に切る。玉ねぎは薄切り、小松菜は2cm長さのざく切りにする。わかめは水でもどす。
2 鍋にAを入れて煮立て、ハムと玉ねぎを加える。玉ねぎに火が通ったら、トック、小松菜、わかめを加え、Bで調味する。といたCでとろみをつける。
3 卵をときほぐして2に細く流し入れ、ふわっとしたら火を止める。

主食 ごはん

栄養の通信簿
ヤンニョムチキン献立

たんぱく質 104%
脂質 135%
炭水化物 93%
カルシウム 146%
マグネシウム 92%
鉄 60%
亜鉛 143%
ビタミンA 99%
ビタミンB1 90%
ビタミンB2 145%
ビタミンC 57%
食物繊維 50%

1食あたりの理想栄養摂取量を100%とする

18

人気献立 6

一汁二菜でバランス◎
魚のみそマヨネーズ焼き献立

お魚が苦手な子も、みそとマヨネーズを塗って焼くと香ばしくなってパクパク。ごはんがすすみます。
具だくさんのみぞれ汁も食べやすく、子どもたちに大好評の一品です。

主菜 魚のみそマヨネーズ焼き

● 材料（2人分）
- 白身魚（さわらやたらなど）… 2切れ（200g）
- 玉ねぎ … 1/4個（45g）
- A ┌ みそ … 小さじ1
    └ マヨネーズ … 大さじ2

● 作り方
1. 玉ねぎはみじん切りにして耐熱容器に入れ、ラップをふんわりかけて電子レンジで30秒加熱する。水分をきり、Aを加えて混ぜ合わせる。
2. 白身魚の表面の水けをふきとり、1を塗る。オーブンシートを敷いた天板に並べ、200度のオーブンで12分ほど焼く。魚焼きグリルで焼く場合は中火で7分ほど焼く。

副菜 からしあえ

● 材料（2人分）
- 小松菜 … 1/2株（20g）
- もやし … 1/2袋（100g）
- にんじん … 1cm（10g）
- A ┌ からし（チューブ）… 1cm（0.5g）
    │ しょうゆ … 小さじ1
    └ だし … 小さじ1/2

● 作り方
1. 小松菜は3cm長さのざく切り、にんじんはせん切りにする。
2. 耐熱容器に1ともやしを入れ、ラップをふんわりかけて電子レンジで2分30秒加熱する。あら熱がとれたら水けを絞る。
3. 別の耐熱容器にAを入れて混ぜ合わせ、ラップをふんわりかけて電子レンジで20秒加熱し、冷ます。
4. ボウルに2を入れ、食べる直前に3を加えてあえる。

汁物 みぞれ汁

● 材料（2人分）
- 鶏もも肉 … 60g
- かたくり粉 … 適量
- 大根 … 2.5cm（50g）
- 里いも … 1個（60g）
- にんじん … 2cm（20g）
- 長ねぎ … 5cm（10g）
- こんにゃく（アク抜き不要のもの）… 1/8枚（30g）
- 油揚げ … 1/2枚（9g）
- だし … 1と1/4カップ
- A ┌ しょうゆ、みりん、酒 … 各小さじ1/2
    └ 塩 … 少々（ふたつまみ）

● 作り方
1. 鶏肉は一口大に切り、かたくり粉を軽くまぶす。大根はすりおろして水けを絞る。里いもは小さめの乱切り、にんじんはいちょう切り、長ねぎは小口切りにする。こんにゃくは色紙切り、油揚げは熱湯をかけて油抜きし、短冊切りにする。
2. 鍋にだしと里いも、にんじん、こんにゃくを入れて火にかける。野菜がやわらかくなるまで煮たら、鶏肉と油揚げを加えて煮る。
3. 鶏肉に火が通ったら、長ねぎと大根おろし、Aを加える。

主食 ごはん

栄養の通信簿
魚のみそマヨネーズ焼き献立
- たんぱく質 135%
- 脂質 109%
- 炭水化物 85%
- カルシウム 154%
- マグネシウム 107%
- 鉄 63%
- 亜鉛 128%
- ビタミンA 102%
- ビタミンB1 96%
- ビタミンB2 140%
- ビタミンC 60%
- 食物繊維 62%

1食あたりの理想栄養摂取量を100%とする

人気献立 7

カレー味とチーズ味でお魚が人気メニューに！
ししゃもの二色春巻き献立

ししゃもは、カルシウムが豊富で、頭も食べられる栄養満点のお魚です。
子どもたちにおいしく食べてもらおうと工夫をしたら、味つき春巻きが誕生しました。

主菜 ししゃもの二色春巻き〈カレー味・チーズ味〉

● 材料（2人分）
- ししゃも … 4尾（60g）
- 酒 … 小さじ1
- 春巻きの皮 … 4枚（48g）
- A｜しょうゆ … 小さじ1/2
- 　｜カレー粉 … 小さじ1/4
- ピザ用チーズ … 15g
- B｜小麦粉、水 … 各小さじ1
- 揚げ油 … 適量

● 作り方
1. ししゃもに酒をふる。

〈カレー味〉

2. Aを混ぜ合わせ、1のししゃもの2尾にまぶす。
3. 春巻きの皮に2のししゃも1尾をのせて巻き、巻き終わりをといたBでとめる。同じものを2本作る。

〈チーズ味〉

4. 春巻きの皮に1の残りのししゃも1尾とチーズ半量をのせて巻き、巻き終わりをといたBでとめる。同じものを2本作る。
5. フライパンに多めの油を熱して3、4を中火でこんがりと揚げ焼きにする。

副菜 こんにゃくあえ

● 材料（2人分）
- こんにゃく（アク抜き不要のもの）… 30g
  ※白いこんにゃくや波形になっているものがおすすめ
- 小松菜 … 1株（40g）
- にんじん … 1cm（10g）
- もやし … 30g
- A｜しょうゆ … 小さじ1
- 　｜酢、ごま油 … 各小さじ1/2

● 作り方
1. こんにゃくは短冊切りにする。小松菜は3cm長さのざく切り、にんじんはせん切りにする。
2. 鍋に湯を沸かし、1ともやしをゆで、流水で冷まし、水けを絞る。
3. 耐熱容器にAを入れて混ぜ合わせ、ラップをふんわりかけて電子レンジで20秒加熱し、冷ます。
4. 2をボウルに入れ、食べる直前に3を加えてあえる。

汁物 かぼちゃと豚肉のみそ汁

● 材料（2人分）
- かぼちゃ … 1/10個（120g）
- 玉ねぎ … 1/4個（45g）
- 豚こまぎれ肉 … 30g
- みそ … 大さじ1
- だし … 1と1/2カップ

● 作り方
1. かぼちゃは種とわたをとり、食べやすい大きさに切る。玉ねぎは1cm幅に切る。豚肉は大きければ食べやすい大きさに切る。
2. 鍋にだしを煮立て、豚肉を加え、火が通ったら、かぼちゃ、玉ねぎを加える。
3. すべての食材に火が通ったら火を止めて、少量のだしでといたみそを加える。

主食 ごはん

栄養の通信簿
ししゃもの二色春巻き献立

- たんぱく質 93%
- 脂質 112%
- 炭水化物 104%
- カルシウム 212%
- マグネシウム 101%
- 鉄 83%
- 亜鉛 131%
- ビタミンA 180%
- ビタミンB₁ 93%
- ビタミンB₂ 158%
- ビタミンC 117%
- 食物繊維 80%

1食あたりの理想栄養摂取量を100%とする

人気献立 8

具だくさんで食べごたえ抜群！
野菜たっぷりしょうゆラーメン献立

給食で食べたラーメンは、大人になってもときどき食べたくなる味。
野菜やわかめをたっぷり入れて、栄養もボリュームも満点です。

主食 野菜たっぷりしょうゆラーメン

● 材料（2人分）
- 中華麺 … 2玉（200g）
- 豚こまぎれ肉 … 30g
- 玉ねぎ … 1/4個（45g）
- にんじん … 2cm（20g）
- もやし … 1/4袋（50g）
- 小松菜 … 1/2株（20g）
- ホールコーン（冷凍） … 大さじ2（20g）
- カットわかめ（乾燥） … 小さじ1（1g）
- ゆで卵 … 1個
- A [水 … 3カップ
      鶏ガラスープのもと … 小さじ2]
- B [しょうゆ … 大さじ1
      塩 … ひとつまみ
      砂糖 … 小さじ1/3]
- 長ねぎ（小口切り） … 10cm（20g）
- こしょう … 少々
- ごま油 … 小さじ1/2

● 作り方
1. 玉ねぎは薄切り、にんじんは短冊切りにする。
2. 小松菜は3cm長さに切り、さっとゆでて水けを絞る。コーンはさっと湯をかける。わかめは水でもどす。ゆで卵は半分に切る。
3. 鍋にAを入れて煮立て、豚肉をほぐしながら加える。肉の色が変わったら1ともやしを加え、野菜がやわらかくなったらBで調味する。火を止める直前に長ねぎ、こしょう、ごま油を加えてひと混ぜする。
4. 麺は袋の表示どおりにゆで、湯をきる。
5. 器に4を盛って3を注ぎ、2をのせる。

果物 小玉すいか

副菜 サモサ

● 材料（2人分）
- 豚ひき肉 … 20g
- じゃがいも … 小1個（60g）
- 大豆（水煮） … 小さじ2（10g）
- 玉ねぎ … 1/4個（45g）
- にんじん … 1cm（10g）
- キャベツ … 1枚（50g）
- バター … 5g
- A [カレー粉、塩 … 各ひとつまみ
      こしょう … 少々]
- 餃子の皮 … 6枚（36g）
- B [小麦粉、水 … 各適量]
- 揚げ油 … 適量

● 作り方
1. じゃがいもは洗って皮をむき、いちょう切りにする。水けがついたままラップで包み、電子レンジで2分加熱する。竹串を刺し、火が通っていなければ追加で30秒加熱し、熱いうちにフォークでつぶす。
2. 大豆、玉ねぎ、にんじんはみじん切り、キャベツはせん切りにする。
3. フライパンにバターを入れて温め、ひき肉と大豆を中火で炒める。肉の色が変わったら、玉ねぎ、にんじん、キャベツを加えて炒め、野菜がしんなりしたらAで調味する。
4. 1と3を混ぜ合わせて6等分し、餃子の皮にのせる。といたBをふちに塗り、半月に折りたたんでとめる。
5. 揚げ油を170度に熱し、4を入れてきつね色になるまで揚げる。

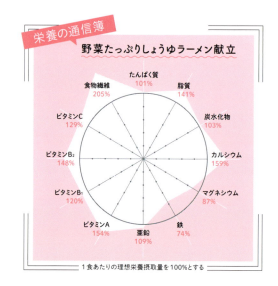

栄養の通信簿
野菜たっぷりしょうゆラーメン献立

- たんぱく質 101%
- 脂質 141%
- 炭水化物 103%
- カルシウム 159%
- マグネシウム 87%
- 鉄 74%
- 亜鉛 109%
- ビタミンA 154%
- ビタミンB1 120%
- ビタミンB2 148%
- ビタミンC 129%
- 食物繊維 205%

1食あたりの理想栄養摂取量を100%とする

人気献立 9

みんな大好き！な組み合わせ
2種の揚げパンとチリコンカン献立

献立表に揚げパンを見つけると、その日が来るのを楽しみに待っていたという人も少なくないはず。
今も昔も変わらない、みんなの大好物が主役。

主食 きな粉揚げパン・ココア揚げパン

● 材料（2人分）
コッペパン … 小4個（1個40g）
A ┌ きな粉 … 大さじ1
　├ 砂糖 … 小さじ2
　└ 塩 … 少々
B ┌ ココア … 小さじ2
　└ 砂糖 … 大さじ1
揚げ油 … 適量

● 作り方
1 A、Bはそれぞれバットに混ぜ合わせる。
2 直径20cm程度のフライパンまたは卵焼き器に油を深さ1cmほど入れ、弱火〜中火にかける。油が170〜180度になったらパンを入れ、トングなどで上下を返しながら表面が少しこんがりするまで2分ほど揚げる。＊2回に分けて揚げる。
3 2の油をきって1のバットに2個ずつ入れ、全体にまぶす。

副菜 ブロッコリーと卵のサラダ

● 材料（2人分）
ブロッコリー … 1/3株（100g）
キャベツ … 1枚（50g）
卵 … 1個
A ┌ 砂糖 … 小さじ1/3
　├ 塩 … 少々（ふたつまみ程度）
　├ 酢、サラダ油 … 各小さじ1/2
　└ 玉ねぎ（すりおろす・お好みで）… 小さじ1
サラダ油 … 小さじ1/2

● 作り方
1 ブロッコリーは小房に分ける。キャベツは3cm長さの細めの短冊切りにする。
2 鍋に湯を沸かし、ブロッコリーとキャベツを1分ほどゆでる。流水で冷まし、水けをきる。
3 卵をときほぐし、サラダ油を熱したフライパンで炒り卵を作る。
4 耐熱容器にAを入れて混ぜ合わせ、ラップをふんわりかけて電子レンジで1分ほど加熱し、冷ます。
5 2と3をボウルに入れ、食べる直前に4を加えてあえる。

主菜 チリコンカン

● 材料（2人分）
豚ひき肉 … 80g
じゃがいも … 小1個（60g）
玉ねぎ … 2/3個（120g）
にんじん … 2cm（20g）
大豆（水煮）… 80g
A ┌ 水 … 1/2カップ
　└ スープのもと（顆粒）… 小さじ1/2
B ┌ トマトケチャップ … 大さじ2
　├ 中濃ソース、チリパウダー … 各小さじ1/2
　├ 塩 … 少々（ひとつまみ）
　├ こしょう … 少々
　└ 砂糖 … 小さじ1/3
サラダ油 … 小さじ1/4

● 作り方
1 じゃがいもは厚めのいちょう切りにし、耐熱容器に入れてラップをふんわりかけて電子レンジで3分ほど加熱する。
2 玉ねぎは1cmの色紙切り、にんじんは1cm角に切る。
3 フライパンにサラダ油、ひき肉を入れ、中火でほぐしながら炒める。2を加え、火が通るまで炒める。
4 Aを加え、煮立ったら1と大豆を加えて炒め煮にする。
5 Bのケチャップを加えて酸味をとばし、残りのBを加えて調味する。

栄養の通信簿
2種の揚げパンとチリコンカン献立

たんぱく質 124%
脂質 158%
炭水化物 86%
カルシウム 170%
マグネシウム 123%
鉄 109%
亜鉛 154%
ビタミンA 109%
ビタミンB1 169%
ビタミンB2 183%
ビタミンC 258%
食物繊維 205%

1食あたりの理想栄養摂取量を100%とする

ブロッコリーと卵のサラダ ▼

79kcal
塩分 **0.8**g

タンパク質が
豊富な
豆のおかず

▲ チリコンカン
207kcal
塩分 **1.5**g

おやつのような
ごほうびパン

▲ きな粉揚げパン・ココア揚げパン
327kcal
塩分 **1.0**g

足立区立の現役小・中学生が選ぶ人気献立ベスト10

2種の
揚げパンと
チリコンカン献立
カロリー **739**kcal
塩分 **3.5**g

人気献立 10

甘辛の肉あんがたっぷり
ヘルシージャージャー麺献立

肉みそは、野菜がたっぷりで本格派の味つけ。もやしときゅうりものった、ヘルシージャージャー麺です。副菜の青のりポテトビーンズも大人気！まさにベストコンビです。

主食　ジャージャー麺

● 材料（2人分）
中華蒸し麺 … 2玉（300g）
きゅうり … 1/3本（35g）
もやし … 1/3袋（70g）
〈肉みそ〉
豚ひき肉 … 120g
玉ねぎ … 1/2個（90g）
しいたけ … 1枚（20g）
にんじん … 1/6本（30g）
長ねぎ … 10cm（20g）
にんにく（みじん切り）… 小さじ1/2
しょうが（みじん切り）… 小さじ1/2
豆板醤（好みで）… 少々
A ┌ みそ … 小さじ2
　│ オイスターソース（またはしょうゆ）、
　│ 甜麺醤（テンメンジャン）（または赤みそ）、しょうゆ
　│ 　… 各小さじ1/4
　└ 砂糖、塩 … 各ひとつまみ
B ┌ 水 … 1/2カップ
　│ 鶏ガラスープのもと … 小さじ1/2
　└ 酒 … 小さじ1/2
すり白ごま … 小さじ1/2
C ┌ かたくり粉 … 大さじ1/2
　└ 水 … 大さじ1
ごま油 … 小さじ1

● 作り方
1. しいたけは石づきを除いてみじん切り、玉ねぎ、にんじん、長ねぎもみじん切りにする。きゅうりはせん切りにする。Aは混ぜ合わせる。
2. フライパンにごま油、にんにく、しょうが、豆板醤を入れて弱火で炒める。香りが立ったらひき肉を加えて炒め、火が通ったらしいたけ、玉ねぎ、にんじんを加えて炒める。
3. 合わせたAとBを加え、ひと煮立ちしたら、長ねぎとごまを加え、といたCでとろみをつける。
4. 鍋に湯を沸かしてもやしをゆで、火が通ったらきゅうりを入れてさっとゆで、流水で冷まし、水けを絞る。
5. 麺は表示どおりに加熱し、流水で冷やして水けをきる。
6. 器に5を盛り、3と4をのせる。

副菜　青のりポテトビーンズ

● 材料（2人分）
じゃがいも … 中2個（240g）
大豆（水煮）… 50g
ちりめんじゃこ … 大さじ2
A ┌ 青のり … 小さじ1
　└ 塩、こしょう … 各少々
かたくり粉 … 小さじ2
揚げ油 … 適量

● 作り方
1. じゃがいもは厚めのいちょう切りにし、水にさらして水けをよくきる。
2. 大豆は汁をきり、かたくり粉をまぶす。
3. 揚げ油を160度に熱し、2を揚げて油をきる。続いて1を入れて揚げ、火が通ったら油をきる。
4. じゃこはから炒りする。
5. ボウルに3、4を入れて混ぜ、Aをふってからめる。

栄養の通信簿
ヘルシージャージャー麺 献立
たんぱく質 123%
脂質 134%
炭水化物 104%
カルシウム 156%
マグネシウム 126%
鉄 100%
亜鉛 143%
ビタミンA 96%
ビタミンB1 186%
ビタミンB2 203%
ビタミンC 144%
食物繊維 342%

1食あたりの理想栄養摂取量を100%とする

> プロフェッショナルたちの本気

「『足立区の給食』を自宅で楽々作っておいしく食べてほしい」
野菜の専門商社が給食のミールキットづくりに挑戦！

楽彩 株式会社

お話を伺った、楽彩 企画制作部部長、田村知也さん。

足立区に本社がある〈楽彩〉は、ミールキットのラインナップも豊富。社内には試作もできるキッチンがある。

足立区で長年野菜を取り扱っている企業だからこそ、足立区の給食にかかわりたい

　取材陣が訪れたのは、足立区にある楽彩。「いまちょうど、社員全員で近隣の清掃をやり終わったところです」と額の汗をふきながら現れたのは、企画制作部部長の田村知也さん。
「日本全国から仕入れる生の野菜を取り扱っていますから、工場内はもちろん、工場周囲の衛生にも徹底的に気を使っていまして、近隣の皆さまにもご迷惑がかからないようにと月に一度、朝から社員全員で清掃をしています」
　楽彩が属しているデリカフーズグループは、足立区に本社を構える青果物の専門商社。日本各地に拠点・工場があり、契約産地で生産された新鮮で高品質な野菜を、温度管理が徹底された工場で加工・製造し、おいしさはそのままで、扱いやすく食べやすい形にして全国のお客さまに届けています。
「デリカフーズは、野菜のことを知り尽くした企業です。野菜のおいしさを保つための温度管理はもちろんのこと、鮮度や歯ごたえを失わないための独自のカット技術・パッケージ技術があります。私としては、日本で一番フレッシュ野菜を取り扱っている会社なのでは、という自負があります」と田村さん。
　そんなデリカフーズグループの楽彩が今回取り組んだのは、足立区の給食のミールキットでした。
「足立区が推進している『野菜から食べる』『野

菜を3食しっかり食べる』『野菜をよく噛んで食べる』という『あだち ベジタベライフ』の考えに大いに賛同しましたし、足立区の給食は子どもたちがパクパク野菜を食べてくれるメニューが多いという話は聞いていました。そういうことなら、足立区で長年野菜を取り扱っている企業として、我々も『足立区のおいしい給食』事業に、ぜひ何かの形で参加したい。未来の子どもたちのために、自宅でも給食がおいしく食べられる取り組みをぜひ一緒にやりたい！と、開発を始めたのです」

　これまでデリカフーズで培ってきた外食や中食のノウハウが、一般家庭のためにも生かされるミールキット開発。田村さんは、開発担当の方や役員の皆さんとともに、実際に足立区の給食を何度も試食しに出向いたそうです。

「足立区の給食は、やはり野菜の歯ごたえとおいしさが柱になっていますよね。そこをしっかりと再現できる商品にしないとと思い、力が入りました」

■足立区のおいしい給食ミールキット
（写真は、「ねぎ塩豚丼と小松菜とわかめの和え物セット」）楽彩オンラインショップで購入可能。2人前のセットが冷蔵で届けられ、消費期限は到着してから3日間程度。
楽彩オンラインショップ　https://rakusai.shop/

開発したのは、足立区のおいしい給食の人気メニュー！

　ミールキットは冷蔵商品で、メインとつけ合わせ用の野菜や食材、調味料がセットになっています。野菜のおいしさを損なうことなく、食べやすくカットしてお届けできるのは楽彩の商品ならでは。しかもメニューは、子どもたちも大好きで味なじみのある、足立区の給食メニューです！

「買い物をして、食材を切って、料理をすると1時間以上かかってしまいますよね。忙しくて時間がないというとき、このミールキットを使っていただければ、15分程度で料理が完成するので、ぜひ一度お試しください」

　今回取材陣に出してくださったのは「ねぎ塩豚丼と小松菜とわかめの和え物セット」。ねぎ塩豚丼は、足立区の給食の中でも大人気メニューの1つです。足立区名産の小松菜はシャキシャキ感がしっかりとあり、歯ごたえ抜群。味つけも、コクとうまみがしっかりあって、ごはんがすすみます。つけ合わせのあえ物にも小松菜がたっぷり入っていて、足立区への愛を感じます。

「野菜は100%胃袋の中におさめる、というのがデリカフーズの創業者の教えです。弊社では加工時に出た野菜の皮や端菜を使ってだしをとり、オリジナルの調味料を製造し、レストランなどに卸しています。今回のミールキットでも、野菜のうまみがとけ出したオリジナルの調味料がセットされていますので、まるごと野菜のおいしさをお楽しみください」

　子どもたちがおいしく、安全に野菜を食べ続けることができる未来をつくる。それがデリカフーズ、楽彩のビジョンだそう。それは、足立区の給食に対する考え方と全く同じ。

「足立区のおいしい給食」事業がまた1つ広がりました。

給食の調理員の1日

足立区の「おいしい給食」は調理済みの加工食品は使用せず、各学校の給食室で、一から手作りしています。調理員さんの1日の作業の流れを簡単にご紹介します。

● **身支度と手洗い**

清潔な白衣、帽子、マスクをつけて作業をします。作業ごとにエプロンも交換します。
作業開始前には、指の間はもちろん、爪ブラシを使って爪先まで石けんでていねいに洗い、アルコール消毒をします。

● **朝礼**

全員そろったら朝礼を行い、それぞれの体調チェックや作業の確認をします。食物アレルギーのある児童・生徒のメニューも確認します。

● **検収**

給食室には毎朝早くに新鮮な食材が届くので、食材の数量や状態を確認します。

● **下処理**

野菜の皮をむいたり、根を切ったりします。土や虫などが給食に入らないように、一つ一つ確認し、皮をむいた野菜は、シンクで3回ていねいに洗います。

● **調理**

野菜等をたくさん切ります。
煮る・ゆでる・炒めるのに、回転釜（かいてんがま）を使います。量がたくさんあるので、かき混ぜるのにかなりの力を必要とします。揚げものも回転釜で行います。

デザートなども、給食室で一から手作りしています。こちらはゼリーを作っている様子です。

● **配缶・配膳**

できあがった給食は、クラスの人数に分けて配ります（配缶）。
4時間目が終わる頃に、児童・生徒が給食の準備ができるよう、ワゴンにのせて用意します。

● **食器の洗浄**

給食後、戻ってきた食器やトレイを一つずつていねいに洗います。食べ残しがなく、たくさん食べてくれると、調理員さんは大喜びだそうです。

足立区立の小・中卒業生が選ぶ
「またあれ食べたい!」
懐かしの給食献立
ベスト8

足立区立の小・中学校に通った卒業生の声をもとに
懐かしさいっぱいの献立を集めました。
見ているだけで、
昔の思い出までよみがえってきそうなメニューばかり。
どうぞぜひおうちで再現してください。

懐かしの献立 1

実はハンガリー伝統の煮込み料理
ハンガリアンシチュー献立

肉と野菜を炒めてスープでコトコト。
トマトのうまみがとけ出したシチューの味は、懐かしく忘れられない、格別の味です。

主菜 ハンガリアンシチュー

● 材料（2人分）
- 豚こまぎれ肉 … 50g
- 豚ひき肉 … 40g
- 玉ねぎ … 1/2個（90g）
- じゃがいも … 小2個（120g）
- にんじん … 1/6本（30g）
- エリンギ … 1/2本（20g）
- いんげん豆（水煮）… 20g
- 枝豆（冷凍）… 6さや（10g）
- A
  - バター … 5g
  - サラダ油 … 小さじ1
  - 小麦粉 … 大さじ1
  - カレー粉 … 少々
- B
  - 水 … 3/4カップ
  - スープのもと（顆粒）… 小さじ1/2
  - ローリエ … 1枚
- C
  - トマトケチャップ … 小さじ2
  - トマトピューレ … 大さじ2
  - 中濃ソース、ウスターソース … 各小さじ1
  - 塩 … ひとつまみ
  - こしょう … 少々
- サラダ油 … 小さじ1/2

● 作り方
1. 玉ねぎは薄切り、じゃがいも、にんじんはいちょう切りにする。エリンギは縦に4つ切りにし、1cm長さに切る。
2. フライパンにカレー粉以外の**A**を入れて弱火で炒める。薄く色づいたらカレー粉を加えて炒め、香りが立ったら火を止める。
3. 鍋にサラダ油、豚肉とひき肉を入れて中火で炒める。肉の色が変わったら、玉ねぎ、にんじん、エリンギの順に加えて炒める。火が通ったら、じゃがいも、いんげん豆、**B**を加えて煮る。アクが出たらとり除く。
4. 野菜がやわらかくなったら、**C**を加えて5分ほど煮る。火を止めて**2**をとき入れ、よく混ぜる。
5. 再び弱火にかけて10分ほど煮、さやから出した枝豆を加える。

主食 ガーリックトースト

● 材料（2人分）
- フランスパン … 2個（70g/1個）
- バター … 10g
- にんにく … 1かけ（8g）
- ドライパセリ、パプリカパウダー … 各少々

● 作り方
1. パンは縦長になるように半分に切る。バターは常温でやわらかくする。
2. にんにくはみじん切りにし、バターと混ぜ合わせ、パンの切り口に塗る。パセリとパプリカパウダーをそれぞれふり、オーブントースターでこんがりと焼く。

副菜 チーズサラダ

● 材料（2人分）
- プロセスチーズ … 10g
- キャベツ … 大1枚（70g）
- 小松菜 … 1株（40g）
- にんじん … 1cm（10g）
- きゅうり … 1/4本（25g）
- A
  - 玉ねぎ（すりおろす）… 小さじ2（12g）
  - 酢 … 小さじ1
  - 砂糖 … 小さじ1/2
  - 塩 … ひとつまみ
  - こしょう … 少々
  - サラダ油 … 大さじ1/2

● 作り方
1. チーズは角切りにする。キャベツは5cm長さの細めの短冊切り、小松菜は3cm長さのざく切り、にんじんは5mm厚さのいちょう切りにする。きゅうりは5mm厚さの輪切りにする。
2. 耐熱容器に**A**を入れて混ぜ合わせ、ラップをふんわりかけて電子レンジで1分加熱する。とり出して混ぜ、さらに30秒加熱し（味をみて辛みが残っているようなら、様子を見ながら追加で加熱する）、冷ます。
3. 鍋に湯を沸かし、にんじん、キャベツ、小松菜をゆでる。きゅうりを加えたらすぐに流水で冷まし、水けを絞る。
4. 器に**3**とチーズを盛り、食べる直前に**2**をかける。

栄養の通信簿 ハンガリアンシチュー献立
- たんぱく質 103%
- 脂質 136%
- 炭水化物 88%
- カルシウム 166%
- マグネシウム 100%
- 鉄 66%
- 亜鉛 139%
- ビタミンA 139%
- ビタミンB1 180%
- ビタミンB2 143%
- ビタミンC 153%
- 食物繊維 148%

1食あたりの理想栄養摂取量を100%とする

足立区立の小・中卒業生が選ぶ懐かしの給食献立ベスト8

▼ ガーリックトースト
242kcal
塩分 1.2g

ジュワッと広がるにんにくの香りがたまらない！

▼ チーズサラダ
62kcal
塩分 0.4g

材料も手間もかける分おいしい！

▲ ハンガリアンシチュー
278kcal
塩分 1.3g

ハンガリアンシチュー献立
カロリー 708kcal
塩分 3.1g

懐かしの献立 2

辛さ控えめで子どもも食べやすい
キムチチャーハン献立

白菜キムチを使って作るチャーハン＝混ぜごはん、が主役です。辛みはほとんどなく、独得の風味が肉や野菜のうまみを引き立て、食欲をそそります。

主食 キムチチャーハン

● 材料（2人分）

米 … 1合
押し麦 … 大さじ1 (10g)
A ┌ 塩 … ひとつまみ
　└ 酒 … 小さじ1/2
豚こまぎれ肉 … 60g
長ねぎ … 15cm (30g)
にんじん … 1/6本 (30g)
白菜キムチ … 50g
B ┌ しょうゆ … 小さじ1
　│ オイスターソース … 小さじ1/2
　└ こしょう … 少々
卵 … 1個
サラダ油 … 小さじ1
ごま油 … 小さじ1/2

● 作り方

1. 米は炊く30分前に洗ってざるに上げておく。1合の目盛りまで水を加え、押し麦とAを混ぜ、普通に炊く。
2. 長ねぎはみじん切り、にんじんはせん切り、キムチはざく切りにする。
3. フライパンにサラダ油の半量とごま油を入れ、豚肉、長ねぎ、にんじんを炒める。火が通ったらキムチを加えて炒め、Bで調味する。
4. 別のフライパンに残りのサラダ油を熱し、ときほぐした卵で炒り卵を作る。
5. 1が炊き上がったら、3と4を加えて混ぜる。

デザート 不思議な目玉焼き

● 材料（直径7cm・容量120mlのマドレーヌカップ2個分）

A ┌ 水 … 1/2カップ
　└ 粉寒天 … 小さじ1/4
砂糖 … 大さじ1/2
乳酸菌飲料 … 大さじ1と1/2
黄桃（缶詰・ハーフカット）… 2切れ

● 作り方

1. 鍋にAを入れてよく混ぜてから、中火にかける。煮立って1分ほどしたら砂糖と乳酸菌飲料を加え、よく混ぜてとかす。
2. マドレーヌカップに黄桃を目玉焼きの黄身に見立てて入れ、1を流し入れる。あら熱がとれたら冷蔵庫で冷やし固める。

副菜 揚げワンタンサラダ

● 材料（2人分）

キャベツ … 大1枚 (70g)
にんじん … 2cm (20g)
小松菜 … 1/2株 (20g)
もやし … 1/6袋 (30g)
ワンタンの皮 … 2枚 (10g)
ちりめんじゃこ … 大さじ2 (10g)
A ┌ 玉ねぎ（みじん切り）… 小さじ2 (12g)
　│ 酢、しょうゆ … 各小さじ1
　│ ごま油 … 小さじ1/2
　│ 砂糖 … 小さじ1/3
　└ からし（チューブ）… 少々
揚げ油 … 適量

● 作り方

1. キャベツは4cm長さの細めの短冊切り、にんじんはせん切り、小松菜は3cm長さのざく切りにする。
2. 耐熱容器にAを混ぜ合わせ、ラップをふんわりかけて電子レンジで1分30秒加熱する。とり出して混ぜ、さらに30秒加熱し（味をみて辛みが残っているようなら様子を見ながら追加で加熱する）、冷ます。
3. ワンタンの皮は半分に切ってから細切りにする。
4. フライパンに少量の油を170度に熱し、3とじゃこを入れてカリカリに揚げ、油をきる。
5. 鍋に湯を沸かし、1ともやしをゆで、流水で冷まし、水けを絞る。
6. 器に5を盛って4をのせ、食べる直前に2をかける。

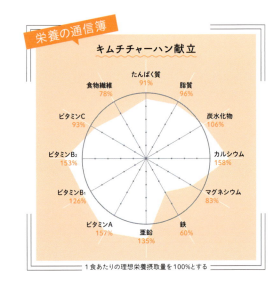

栄養の通信簿
キムチチャーハン献立

たんぱく質 91%
脂質 96%
炭水化物 106%
カルシウム 158%
マグネシウム 83%
鉄 60%
亜鉛 135%
ビタミンA 157%
ビタミンB1 126%
ビタミンB2 153%
ビタミンC 93%
食物繊維 78%

1食あたりの理想栄養摂取量を100%とする

懐かしの献立 3

混ぜごはんの定番
こぎつねごはん献立

小さく切った油揚げが入ったこぎつねごはんは、「おかわり！」の声が多い一品。
見た目がかりんとうのようないかのおかずも隠れた人気メニューの一つです。

主食 こぎつねごはん

● 材料（2人分）
- 米 … 1合
- 鶏ひき肉 … 20g
- にんじん … 2cm（20g）
- 油揚げ … 1枚（18g）
- だし … 大さじ1
- A ┌ 砂糖 … 大さじ1/2
　 │ しょうゆ、酒 … 各小さじ1
　 └ みりん … 小さじ1/3

● 作り方
1. にんじんはせん切り、油揚げは熱湯をかけて油抜きし、細めの短冊切りにする。
2. 鍋にだしを入れて火にかけ、煮立ったらひき肉を加える。ひき肉に火が通ったら1とAを加え、汁が半量になるまで煮る。具と煮汁に分けておく。
3. 米は炊く30分前に洗ってざるに上げておく。米を炊飯器に入れて2の煮汁を加え、水を1合の目盛りまで足して普通に炊く。
4. 炊き上がったら、2の具をのせて蒸らし、さっくりと混ぜる。

主菜 いかのかりんとうがらめ

● 材料（2人分）
- 短冊いか（冷凍）… 100g
- A ┌ しょうが（すりおろす）… 1/5かけ
　 │ 　※チューブなら3cm（3g）
　 │ 塩 … 少々
　 └ 酒 … 小さじ1/2
- B ┌ 砂糖 … 大さじ1/2
　 │ しょうゆ … 小さじ1
　 └ みりん … 小さじ1/2
- 刻みピーナッツ … 大さじ1/2
- 小麦粉 … 大さじ1
- かたくり粉 … 大さじ1と1/2
- 揚げ油 … 適量

● 作り方
1. ポリ袋にいかを入れ、Aを加えてもみ込む。小麦粉とかたくり粉を加えてまぶす。
2. 揚げ油を170度に熱し、いかを4〜5分揚げて油をきる。
3. 小鍋にBを合わせ、さっと煮立たせる。
4. 2を3に加えてからめ、ピーナッツをまぶす。

副菜 ごま酢あえ

● 材料（2人分）
- 小松菜 … 1/2株（20g）
- キャベツ … 1枚（50g）
- にんじん … 2cm（20g）
- もやし … 1/4袋（50g）
- A ┌ しょうゆ … 大さじ1/2
　 │ 酢 … 小さじ1/2
　 │ だし … 小さじ1
　 └ 砂糖 … 小さじ1/2
- すり白ごま … 大さじ1・1/2

● 作り方
1. 小松菜は3cm長さのざく切り、キャベツは4cm長さの細めの短冊切り、にんじんはせん切りにする。
2. 鍋に湯を沸かし、1ともやしをゆでて流水で冷まし、水けを絞る。
3. 耐熱容器にAを入れて混ぜ合わせ、ラップをふんわりかけて電子レンジで20秒加熱し、冷ます。
4. ボウルに2を入れてごまをふり、食べる直前に3を加えてあえる。

汁物 かきたま汁

● 材料（2人分）
- 小松菜 … 1/2株（20g）
- えのきだけ … 1/10袋（10g）
- 玉ねぎ … 1/8個（20g）
- 絹ごし豆腐 … 1/6丁（50g）
- 卵 … 1個
- だし … 1と1/2カップ
- A ┌ 塩 … ひとつまみ
　 └ しょうゆ … 小さじ2/3
- B ┌ かたくり粉 … 小さじ1/3
　 └ 水 … 小さじ1

● 作り方
1. 小松菜はゆでて1cm長さのざく切りにする。えのきは根元を落としてざく切り、玉ねぎは薄切り、豆腐はさいの目に切る。
2. 鍋にだしを入れて火にかけ、煮立ったら玉ねぎとえのきを加えて煮る。えのきに火が通ったら豆腐を加えてAで調味し、といたBでとろみをつける。
3. 卵をときほぐし、2に細く流し入れる。ふんわりとしたら小松菜を散らす。

栄養の通信簿　こぎつねごはん献立
- たんぱく質 118%
- 脂質 109%
- 炭水化物 94%
- カルシウム 194%
- マグネシウム 141%
- 鉄 100%
- 亜鉛 150%
- ビタミンA 143%
- ビタミンB1 87%
- ビタミンB2 145%
- ビタミンC 78%
- 食物繊維 68%

1食あたりの理想栄養摂取量を100%とする

38

足立区立の小・中卒業生が選ぶ懐かしの給食献立ベスト8

あっさりとした酸味がおいしい

▲ ごま酢あえ
47kcal
塩分 0.7g

▼ いかのかりんとうがらめ
131kcal
塩分 0.8g

甘辛い味つけでパクパクいける！

▼ こぎつねごはん
332kcal
塩分 0.4g

▲ かきたま汁
67kcal
塩分 0.7g

こぎつねごはん献立
カロリー 703kcal
塩分 2.8g

> 懐かしの献立 4

絶品ミートソースはぜひ家で作りたい！
スパゲティミートソース献立

給食のミートソースって本当においしいですよね。野菜も豆も調味料もたっぷり入ってまろやかで食べ応えも十分。多めに作ってパンに野菜に。アレンジ自在です。

主食 スパゲティミートソース

● 材料（2人分）
スパゲティ … 160g
豚ひき肉 … 80g
玉ねぎ … 小1個（110g）
にんじん … 1/6本（30g）
にんにく … 1/4かけ（2g）
しょうが … 1/5かけ（3g）
レンズ豆（乾燥）… 10g
A ┌ 赤ワイン … 小さじ1/2
　│ トマト水煮（ダイスカット）… 40g
　│ トマトペースト … 小さじ1
　│ トマトピューレ、トマトケチャップ … 各大さじ2
　│ 中濃ソース … 大さじ1
　│ 水 … 1/4カップ
　└ ローリエ（パウダー）、塩、こしょう … 各少々
粉チーズ … 小さじ2
小麦粉 … 小さじ1
サラダ油 … 小さじ2と1/2

● 作り方
1. スパゲティはミートソースのでき上がりに合わせて表示どおりにゆで、くっつかないようにサラダ油小さじ2をまぶす。
2. 玉ねぎとにんじんはあらみじんに切る。にんにくとしょうがはみじん切りにする。レンズ豆はさっと洗って水に浸す。
3. 鍋にサラダ油小さじ1/2、にんにくとしょうがを入れて中火で炒める。香りが立ったらひき肉を加えてパラパラになるまで炒める。
4. にんじんと玉ねぎを加えて炒め、野菜がしんなりしたら、レンズ豆とAを加えて10分ほど煮る。小麦粉をふり入れ、とろみがついたら粉チーズを加える。
5. 器に1を盛り、4をかける。

果物 梨

副菜 グリーンサラダ

● 材料（2人分）
キャベツ … 大1枚（70g）
きゅうり … 1/4本（25g）
グリーンアスパラガス … 1本（30g）
ホールコーン（冷凍）… 大さじ1（10g）
A ┌ 玉ねぎ（みじん切り）… 小さじ1（6g）
　│ 塩 … 少々（ふたつまみ）
　│ 砂糖、こしょう … 各少々
　│ 酢 … 小さじ1/2
　└ サラダ油 … 小さじ1

● 作り方
1. キャベツは4cm長さの細めの短冊切り、アスパラは1cm幅の斜め切りにする。きゅうりは縦半分に切り、斜め薄切りにする。
2. 鍋に湯を沸かし、キャベツとアスパラをゆでる。きゅうりを加えたらすぐに流水で冷まし、水けを絞る。
3. コーンはさっと湯をかける。
4. 耐熱容器にAを入れて混ぜ合わせ、ラップをふんわりかけて電子レンジで1分加熱する。味をみて辛みが残っているようであれば様子を見ながら追加で加熱し、冷ます。
5. ボウルに2と3を入れて混ぜ、食べる直前に4を加えてあえる。

栄養の通信簿 スパゲティミートソース献立
たんぱく質 104% / 脂質 110% / 炭水化物 103% / カルシウム 149% / マグネシウム 117% / 鉄 83% / 亜鉛 146% / ビタミンA 101% / ビタミンB1 183% / ビタミンB2 138% / ビタミンC 96% / 食物繊維 153%
1食あたりの理想栄養摂取量を100%とする

▼ 梨
20kcal
塩分 0.0g

▼ グリーンサラダ
37kcal
塩分 0.6g

足立区立の小・中卒業生が選ぶ懐かしの給食献立ベスト8

給食の
ミートソースが
一番好き！

▲ スパゲティミートソース
509kcal
塩分 1.4g

スパゲティ
ミートソース献立
カロリー 692kcal
塩分 2.2g

41

懐かしの献立 5

ホイルに包んだジューシー肉料理
チキンロール献立

肉のうまみとチーズのコクが口いっぱいに広がるチキンロールは、昔から大人気の一品です。副菜には野菜のほかアーモンドや大豆などを使い、満足感たっぷりです。

主菜 チキンロール

● 材料（2人分）
鶏もも肉（皮つき）… 1/2枚（140g）
A ┌ 塩 … 小さじ1/6
　├ こしょう … 少々
　└ 白ワイン … 小さじ1/2
プロセスチーズ … 2個（40g）

● 作り方
1. 鶏肉は半分に切り、それぞれ厚みを均一に開き、Aで下味をつける。
2. 鶏肉1枚を皮を下にしてまないたに置き、チーズ1個をのせる。端からくるくると巻いてアルミホイルで包み、両端はねじる。同様にもう1つ作る。
3. 天板にオーブン用シートを敷いて2をのせ、180度に予熱したオーブンで15分以上焼いて、しっかり火を通す。

＊180度の揚げ油でアルミホイルごとしっかりと揚げてもOK。ジューシーな仕上がりになります。ただし焼いたほうがべとつかず食べやすくなります。

副菜 アーモンド入りサラダ

● 材料（2人分）
キャベツ … 大1枚（70g）
にんじん … 1/6本（30g）
きゅうり … 1/5本（20g）
ホールコーン（冷凍）… 大さじ2（20g）
スライスアーモンド … 小さじ2（6g）
A ┌ 白ワイン、酢 … 各小さじ1
　├ 砂糖 … 小さじ1/3
　├ 塩 … ひとつまみ
　├ サラダ油 … 小さじ1
　└ 粒マスタード … 小さじ1/3

● 作り方
1. キャベツは4cm長さの細めの短冊切り、にんじんは5mm厚さのいちょう切り、きゅうりは5mm厚さの輪切りにする。コーンはさっと湯をかける。
2. 鍋に湯を沸かし、にんじんとキャベツをゆでる。きゅうりを加えたらすぐに流水で冷まし、水けを絞る。
3. アーモンドはフライパンでから炒りする。
4. 耐熱容器にAを入れて混ぜ合わせ、ラップをふんわりかけて電子レンジで1分加熱し、冷ます。
5. ボウルに2とコーンを入れ、食べる直前に4であえて器に盛り、3をのせる。

副菜 ポークビーンズ

● 材料（2人分）
豚こまぎれ肉 … 40g
大豆（水煮）… 大さじ3（45g）
玉ねぎ … 1/2個（90g）
じゃがいも … 大1/2個（80g）
にんじん … 1/4本（45g）
にんにく … 1/2かけ（4g）
A ┌ 水 … 3/4カップ
　├ スープのもと（顆粒）
　└ 　… 小さじ1/2
B ┌ トマトピューレ
　│ 　… 大さじ1と1/2
　├ トマトケチャップ
　│ 　… 大さじ1
　├ 砂糖、塩
　│ 　… 各ひとつまみ
　├ こしょう … 少々
　└ しょうゆ
　　 … 小さじ2/3
サラダ油 … 小さじ1/2
ドライパセリ … お好みで

● 作り方
1. 玉ねぎ、じゃがいも、にんじんは1cm角に切る。にんにくはみじん切りにする。豚肉は食べやすい大きさに切る。
2. フライパンにサラダ油、にんにくを入れて中火で炒め、香りが立ったら豚肉を加えて炒める。肉に火が通ったら、玉ねぎとにんじんを加えて炒める。
3. 野菜に火が通ったらAを加えて10分ほど煮る。じゃがいもと大豆を加えさらに5分ほど煮たら、Bで調味する。好みでパセリをふる。

主食 ロールパン

栄養の通信簿

チキンロール献立

- たんぱく質 139%
- 脂質 171%
- 炭水化物 67%
- カルシウム 212%
- マグネシウム 115%
- 鉄 57%
- 亜鉛 158%
- ビタミンA 191%
- ビタミンB₁ 134%
- ビタミンB₂ 170%
- ビタミンC 111%
- 食物繊維 167%

1食あたりの理想栄養摂取量を100%とする

42

懐かしの献立 6

野菜もお肉もゴロゴロ
ほっこり筑前煮献立

鶏肉とたっぷりの根菜を炒め煮して、味がしみしみの筑前煮は白いごはんがすすむおかずです。
家庭料理の定番ですが、お正月などお祝いのときにもぜひ！

主菜 筑前煮

● 材料（2人分）

鶏もも肉 … 60g
干ししいたけ … 1枚（5g）
厚揚げ … 1/3枚（60g）
こんにゃく（アク抜き不要のもの） … 1/4枚（50g）
じゃがいも … 小2個（120g）
にんじん … 1/6本（30g）
たけのこ（水煮）… 40g
ごぼう … 1/5本（30g）
さやいんげん … 1本（10g）
A ┌ だし … 1カップ
　│ しょうゆ … 大さじ1
　│ 砂糖 … 小さじ2
　└ みりん、酒 … 各小さじ1
サラダ油 … 小さじ1

● 作り方

1. 干ししいたけは水でもどして石づきを除き、乱切りにする。鶏肉は2cm角に切る。
2. 厚揚げはペーパータオルで油を押さえて一口大に切る。こんにゃくは一口大に切る。
3. じゃがいもは2cm角に切る。にんじんとたけのこ、ごぼうは乱切りにし、ごぼうは水につける。いんげんはゆでて2cm長さに切る。
4. 鍋にサラダ油を中火で熱し、水けをきったごぼうを加え、よく炒める。鶏肉を加えて炒め、火が通ったら、こんにゃく、じゃがいも、にんじん、たけのこ、しいたけを加えて炒める。
5. 全体に油が回ったらAと厚揚げを加え、ふたをして中火で野菜に火が通るまで煮る。器に盛り、いんげんを散らす。

副菜 のりあえ

● 材料（2人分）

キャベツ … 1枚（50g）
にんじん … 2cm（20g）
小松菜 … 1/2株（20g）
もやし … 1/4袋（50g）
A ┌ だし（または水）、しょうゆ … 各小さじ1
　└ ごま油 … 小さじ1/2
焼きのり … 1/2枚
いり白ごま … 小さじ1

● 作り方

1. 耐熱容器にAを入れて混ぜ合わせ、ラップをふんわりかけて電子レンジで30秒加熱し、冷ます。
2. キャベツは4cm長さの細めの短冊切り、にんじんはせん切り、小松菜は3cm長さのざく切りにする。
3. 鍋に湯を沸かし、にんじんをゆでる。やわらかくなったらキャベツ、小松菜、もやしを加えてゆで、流水で冷まして、水けを絞る。
4. ボウルに3を入れ、食べる直前に1とごま、細くちぎったのりを加えてあえる。

主食 ごはん

果物 ぶどう

栄養の通信簿
ほっこり筑前煮献立

- たんぱく質 87%
- 脂質 95%
- 炭水化物 104%
- カルシウム 181%
- マグネシウム 119%
- 鉄 89%
- 亜鉛 131%
- ビタミンA 136%
- ビタミンB₁ 90%
- ビタミンB₂ 148%
- ビタミンC 126%
- 食物繊維 192%

1食あたりの理想栄養摂取量を100%とする

懐かしの献立 7

本日、中華気分！
中華おこわとスープの献立

えびや干ししいたけのうまみとしょうがの香りが食欲をそそります。
大きな肉だんご入りのスープや、手作りの杏仁豆腐も子どもたちに大好評です。

主食 中華おこわ

● 材料（2人分）
- 米 … 120g
- もち米 … 30g
- A
  - しょうゆ … 小さじ2/3
  - 酒 … 小さじ1/2
  - ごま油 … 小さじ1/4
  - 水 … 180ml
- 鶏ひき肉 … 20g
- 干ししいたけ … 小1枚（2g）
- むきえび（冷凍）… 40g
- 酒 … 小さじ1
- 小松菜 … 1株（40g）
- にんじん … 1/6本（30g）
- たけのこ（水煮）… 20g
- しょうが … 1/4かけ（4g）
- B
  - 砂糖 … 小さじ1
  - オイスターソース … 小さじ1/2
  - 酒 … 小さじ1/2
  - しょうゆ … 小さじ1/2
  - 塩 … ひとつまみ
  - ごま油 … 小さじ1/4
- サラダ油 … 小さじ1

● 作り方
1. 米ともち米は炊く30分前に洗ってざるに上げておく。米を炊飯器に入れてAを加え、普通に炊く。
2. 干ししいたけは水でもどして石づきを除き、1cm角に切る。もどし汁はとっておく。
3. えびはさっとゆで、酒をふる。
4. 小松菜はあらみじんに切り、さっとゆでて水けを絞る。にんじんとたけのこは1cm角に切る。しょうがはみじん切りにする。
5. フライパンにサラダ油、しょうがを入れ、中火で炒め、香りが立ったらひき肉を加えて炒める。パラパラになったらにんじん、たけのこ、しいたけを加えて炒める。
6. 2のもどし汁（1/2カップ）とBを加えて炒め煮にし、火が通ったら3と小松菜を加える。
7. 1が炊き上がったら、6を加えてよく混ぜる。

主菜 春雨入り肉だんごスープ

● 材料（2人分）
- 鶏ひき肉 … 80g
- A
  - 玉ねぎ（みじん切り）… 1/6個（30g）
  - しょうが（みじん切り）… 1/4かけ（4g）
  - 生パン粉 … 大さじ1
  - かたくり粉 … 大さじ1
  - 塩 … 少々
- 春雨 … 10g
- 白菜 … 1/2枚（60g）
- にんじん … 1/6本（30g）
- たけのこ（水煮）… 20g
- B
  - 水 … 1と1/2カップ
  - 鶏ガラスープのもと … 小さじ1
- C
  - しょうゆ … 小さじ1
  - 塩 … 少々
  - こしょう … 少々

● 作り方
1. ポリ袋にひき肉とAを入れ、よくねり混ぜる。

● 春雨入り肉だんごスープ作り方つづき
2. 春雨は表示どおりにゆでてざく切りにする。
3. 白菜は3cm長さの細めの短冊切り、にんじんとたけのこはせん切りにする。
4. 鍋にBを入れて火にかけ、にんじんとたけのこを加え、にんじんに火が通るまで煮る。
5. 1をスプーンに適量とって一口大に丸め、4に加える。2と白菜を加え、肉だんごに火が通ったらCで調味する。

デザート 杏仁豆腐

● 材料（2人分）
- A
  - 粉寒天 … 0.3g
  - 水 … 小さじ4
  - 砂糖 … 小さじ2
- 牛乳 … 大さじ2
- アーモンドエッセンス … 5滴
- パイナップル（缶詰）… 60g
- 黄桃（缶詰）… 60g
- みかん（缶詰）… 60g
- レモン汁 … 5滴
- 缶汁 … 50ml

● 作り方
1. 鍋にAを入れ、火にかける。混ぜながら寒天と砂糖をとかし、煮立ったら牛乳とアーモンドエッセンスを加えて混ぜ、火を止める。
2. 耐熱の薄いバットに1を流し入れ、冷蔵庫で冷やし固める。
3. パイナップルと黄桃は食べやすくカットし、みかんと合わせ、レモン汁をからめる。
4. 2を小さめのひし形にカットし、3と缶汁を合わせる。
*好みで季節の果物を入れても。

栄養の通信簿
中華おこわとスープの献立

- たんぱく質 98%
- 脂質 83%
- 炭水化物 116%
- カルシウム 155%
- マグネシウム 91%
- 鉄 63%
- 亜鉛 113%
- ビタミンA 165%
- ビタミンB1 87%
- ビタミンB2 145%
- ビタミンC 93%
- 食物繊維 73%

1食あたりの理想栄養摂取量を100%とする

懐かしの献立 8

具だくさんで体あったまる
けんちんうどん献立

やさしいしょうゆ味と、ごま油の香りが食欲をそそるけんちんうどん。
食物繊維豊富な大学いもは、先生たちにもファンが多いそうです。

主食 けんちんうどん

● 材料（2人分）

無塩うどん（冷凍）… 2玉
鶏むね肉 … 40g
大根 … 2.5cm（50g）
にんじん … 1/6本（30g）
長ねぎ … 10cm（20g）
こんにゃく … 1/6枚（40g）
油揚げ … 1枚（18g）
だし … 1と3/4カップ

A ┌ しょうゆ … 小さじ4
　│ 酒、みりん
　│ 　　　… 各小さじ1
　└ 塩 … ひとつまみ

サラダ油 … 小さじ1/2
ごま油 … 小さじ1/4

● 作り方

1 大根とにんじんはいちょう切り、長ねぎは斜め薄切りにする。鶏肉は小さめの一口大に切る。
2 こんにゃくは2cmの色紙切りにする。油揚げは熱湯をかけて油抜きし、短冊切りにする。
3 鍋にサラダ油を熱し、鶏肉、にんじん、大根、こんにゃくを順に加えて炒め、だしを加えて煮る。野菜がやわらかくなったら、Aで調味して油揚げを加えてひと煮する。
4 うどんは表示どおりにゆでるか電子レンジで加熱して3に加え、ごま油と長ねぎを加える。

副菜 ツナとわかめのあえ物

● 材料（2人分）

ツナ（オイル漬け）… 20g
カットわかめ（乾燥）… 小さじ1（1g）
きゅうり … 1/5本（20g）
もやし … 1/2袋（100g）

A ┌ しょうゆ … 小さじ1
　│ 酢 … 小さじ1
　│ 砂糖 … 小さじ2/3
　└ ごま油 … 小さじ1/4

● 作り方

1 ツナは油をきり、わかめは水でもどす。きゅうりは5mm厚さの輪切りにする。
2 鍋に湯を沸かし、もやしをさっとゆでる。きゅうりを加えたらすぐに流水で冷まし、水けを絞る。
3 耐熱容器にAを入れて混ぜ合わせ、ラップをふんわりかけて電子レンジで20秒加熱し、冷ます。
4 ボウルに2、水けをきったわかめ、ツナを入れ、食べる直前に3を加えてあえる。

デザート 大学いも

● 材料（2人分）

さつまいも … 大1/2本（150g）

A ┌ 水あめ … 小さじ1
　│ 砂糖 … 大さじ1と1/3
　│ 水 … 大さじ1
　└ しょうゆ … 少々

いり黒ごま … 小さじ1/3
揚げ油 … 適量

● 作り方

1 さつまいもは皮の汚れた部分を除き、一口大の乱切りにする。水にさらしてアクを抜き、水けをきる。
2 揚げ油を180度に熱し、1を入れて5分ほど揚げる。火が通ったら油をきる。
3 鍋にAを入れて火にかける。焦げないように混ぜながら加熱する。ぶくぶくと煮立ってきたら火を止め、2を温かいうちに加えてからめる。ごまをふって混ぜる。

栄養の通信簿 けんちんうどん献立

- たんぱく質 93%
- 脂質 90%
- 炭水化物 104%
- カルシウム 159%
- マグネシウム 108%
- 鉄 57%
- 亜鉛 71%
- ビタミンA 85%
- ビタミンB1 79%
- ビタミンB2 118%
- ビタミンC 105%
- 食物繊維 100%

1食あたりの理想栄養摂取量を100%とする

48

プロフェッショナルたちの本気

「食と健康で足立区を元気にしたい！」給食の人気No.1メニュー「えびクリームライス」が期間＆エリア限定発売で大人気に！

株式会社 セブン-イレブン・ジャパン

小松菜にツナを組み合わせて、ごま油などであえたサラダも販売。足立区は都内屈指の小松菜生産地です。

"足立区のおいしい給食"の人気メニュー。えびのうまみがたっぷりのクリームソースとバターピラフが口の中でとけ合います。

右から、セブン-イレブンジャパン執行役員人事本部長の竹井浩樹さん、足立区政策経営部シティプロモーション課長の栗木希さん、セブン-イレブンジャパン商品本部マーチャンダイザー（当時）山下さくらこさん。

足立区が目指す「住んでいるだけで自ずと健康になれるまち」の取り組みに共感しました

"足立区の日本一おいしい給食"の中でも世代を超えた人気を誇る「えびクリームライス」がコンビニで売っていた!?　そんな噂を耳にしたことはありませんか？　実はコレ、本当なんです！

足立区をはじめとする都内一部地域のセブン-イレブンでは2022年から毎年6月の食育月間に合わせて、"おいしい給食"の人気メニューを再現した商品や、「あだち ベジタベライフ」のコンセプトに合わせた商品を販売。大きな反響を呼びました。そこでこのプロジェクトの実現に尽力したセブン-イレブン・ジャパンの当時の東東京地区の責任者だった竹井浩樹さんと、メニュー開発を担当した商品本部の山下さくらこさんにお話を聞きました。

きっかけは2017年にセブン-イレブン・ジャパンと区が締結した「足立区の活性化に向けた包括連携協定」です。地域や暮らしの防災・災害対策をはじめ、さまざまな分野で相互に連携し、共に地域の活性化に貢献してきましたが、2021年秋、当時東京都内の店舗を統括する責任者だった竹井さんと足立区の"運命の"出会いがありました。

「足立区の職員の方々とお会いし、『住んでいるだけで自ずと健康になれるまち』を目指しているというお話を伺って、素晴らしいと思いました。当社は『明日の笑顔を共に創る』という目指す姿のもとに健康・地域・環境・人財の4つのビジョンを掲げて、事業を展開しています。そのうちの2つが、足立区が取り組む事業の目的と重なりました。そこで地域に根ざしたセブン-イレブンのお店でも何か一緒にできること

はないかと話し合ったのが始まりです」

2022年1月、竹井さんはメニュー開発の山下さんに足立区のソウルフードともいえる「えびクリームライス」の商品化について協議。とはいえ、セブン-イレブンは全国に展開する大手コンビニチェーンです。東京都の1区の給食メニューの開発は「マーケットの規模が見えないので、売れるかどうかが計れないという点で、正直不安もありました」と山下さん。竹井さんも「確かに都道府県単位の事例はあっても、これだけ限定されたエリアに向けてアプローチする企画は前例がなかったですね」と話します。

発売までの5カ月間、足立区とはもちろんのこと、社内外で数えきれないほど打ち合わせを重ね、調整に追われる日々を過ごした山下さん。「その年の6月には発売にこぎつけていますから、すごいスピード感でしたね。驚いたのは、足立区の皆さんの行動力。部署間の調整や連携、判断が早くて、どんどん話が進みました」。商品は「えびクリームライス」のほかに、小松菜をたっぷり使った「こまツナサラダ」の2品に決まりました。

「地域の取り組みがこんなにも皆さんに喜んでいただけるんだと実感しました」と山下さん。全社的にもよい事例として波及したといいます。

「最近は系列のイトーヨーカドーのイベントスペースで、足立区の給食の歴史を紹介するなど啓発活動にも取り組んでいます」と竹井さん。

「発売してくれてありがとう」
の声にお店も感激！

メニュー開発の過程で強い味方となったのが、足立区内のセブン-イレブンのオーナーさんや従業員さんたちだったとか。その多くが足立区出身ということで、試食にも協力してもらったそうで「とても好評でしたね。皆さんの反応が大きな安心材料になりました」。

一方で「足立区には学校ごとに給食室があり、栄養士さんそれぞれのレシピがあるため、うちの学校はライスがもっと赤かったとか、コーンが入っていたとか、ちょっとした違いがあって、みんなのストライクゾーンを探すのに苦労しました」（山下さん）。それぞれの思い出の味に寄り添いながら、最後まで試行錯誤したといいます。

そしてついに発売当日。店舗で告知をしたり、区の広報紙で取り組みを紹介するなど、地道な

PRのかいあって、「えびクリームライス」は大人気。「空前絶後の売れ行きにみんなが喜びました」と竹井さん。当初、発売は足立区内で2週間限定の予定でしたが、その後近隣エリアの葛飾区や江戸川区へと広がり、結局2カ月ほど販売したといいます。

「まとめ買いされるお客さまも多く、家族みんなで味わいながら、自分の時代のえびクリームライスはこうだった、なんて盛り上がっているシーンを想像するだけでうれしくなります」

お客さまから「販売してくれてありがとう」と感謝された店舗もあったそうで、区民にとってはポピュラーなメニューだということをあらためて実感したといいます。この結果は"足立区の日本一おいしい給食"が地域の食文化となった証し。「これからも食を通じて健康増進への取り組みを続けながら、地域を盛り上げていけたらいいですね」と竹井さん。今後の企画にも期待が膨らみます。

プロフェッショナルたちの本気

稼働は夜明け前から。
足立区内の小・中学校 約30校に
おいしいパンを届けています

有限会社タケベーカリー
代表取締役 長嶋延忠さん

黒砂糖パンや胚芽パンなど20以上の種類があり、コッペ型だけではなく、結び型やねじり型など、形もバラエティに富んでいます。

　足立区の学校給食のパンを作り続けて70年余り。当初5〜6校を担当する"まちのパン屋さん"だったタケベーカリーは現在、学校給食専門のパン製造工場として区内約30校にパンを届けています。「昔は小さなパン屋が2〜3校ずつ学校給食を担当していましたが、今は学校給食協同組合に加盟している3社がその役割を担っています。決められた時間までに、1校あたり500〜1000個のパンを配送しなければいけないので、本当に忙しいですよ」と長嶋さん。
　学校給食のパンは、東京都学校給食会が定める厳しい基準に則って製造されるため（下記参照）、常に細心の注意を払っているといいます。成形など手作業で行う工程も多く、稼働は夜明け前から。製造は夕方近くまで続き、午後からは翌日分のパンの配達準備も並行します。「足立区は小松菜パンやコーンパンなど、独自に作っている創作パンもあるので手間はかかりますけど、安心・安全なパン作りにプライドを持って取り組んでいます」。輸送費や人件費など物価高騰のあおりを受けて、工場の経営は決して楽ではないという長嶋さん。それでも子どもたちがパンをほお張る姿を想像しながら、懸命にパン作りを続けています。

安心・安全のヒミツ

小学校の低・中・高学年・中学校用の規格があります

学校給食のパンは「東京都学校給食会」が指定した、学校給食パン加工委託工場が担当校から注文を受けて製造し、各校に届けられています。保存料や乳化剤の食品添加物不使用はもちろんのこと、2種類の小麦粉と米粉ミックス、学校給食用脱脂粉乳を主原料として、油脂などの副原料も品質規格が定められています。

Part3

残菜ゼロを目指す!
学校栄養士がおすすめ
「子どもが残さず食べてくれる」
野菜献立ベスト8

子どもたちが野菜も残さず食べてくれるように と
栄養士たちが知恵を絞った、
おいしくて食べやすい野菜メニューを紹介します。
野菜嫌いのお子さんにぜひトライしてみてください。

足立区 栄養士インタビュー

目指すは完食！
調理員さんや先生方と連携しながら栄養たっぷりのおいしい給食作りに励んでいます

足立区立島根小学校
栄養士 **高安伶佳**さん

朝8時前から給食まで大忙し！
安全面を徹底しながら
最後は残菜量をチェックします

　学校給食で欠かせないのが、栄養士です。足立区立の小・中学校では、原則各校1名の栄養士がいて、献立作成や発注業務を行っています。今回、取材陣がお話を伺ったのは、足立区・島根小学校の栄養士、高安伶佳さん。足立区の学校給食に携わって4年とのこと。
　高安さんに1日のスケジュールを伺うと、これがなかなか大変！
　「7時40分くらいに出勤して、8時には調理室に入ります。まずは調理員さんとその日のメニュー数やアレルギー食材の確認をして、必要なときは野菜のカットなど細かい調理方法のすり合わせもします。栄養士の思いを給食にのせようといろいろ気を配ってくださるので本当にありがたいです。調理員さんとは常にコミュニケ

Opinion of Students
子どもたちの声

苦手な野菜も給食なら食べられる！毎日の給食が学校に来る楽しみに

「今日の給食、すごくおいしかったよ」「(苦手な)ピーマン、食べられたよ」……高安さんのもとには、素直な子どもたちの声が届きます。実際に島根小学校の児童たちに話を聞くと「苦手な野菜も給食ならおいしく食べられる」と、好き嫌いを克服できたことを自信に満ちた表情で語る子や、「おうちでお母さんと一緒に作りたくて、レシピを教えてもらったよ」と言う子も。みんな給食が大好きで「今日はどんなメニューだろうと、学校が楽しみになる」と口をそろえます。「うれしいですね。子どもたちの言葉は励みになるし、すごくやりがいを感じます」と高安さんも笑顔に。

　ーションをとりながら進めています」
　その後は事務室に移動し、伝票の整理や使用する野菜の産地確認などの事務作業を行いつつ、調理室と行ったり来たり…当日の給食の味の確認もしているようです。「11時過ぎには完全に調理室に入って、検食の準備にとりかかります」と高安さん。
　検食とは、子どもたちが食べる30分前までに学校長など管理職の先生が試食し、給食の安全を確認すること。

新しいメニューや季節の野菜も取り入れて、子どもたちがワクワクする献立作りを

「盛りつけた検食用の給食を11時半ごろには試食担当の先生のもとに運んで、午前中が終わります」

12時ごろからいよいよ給食の時間。高安さんも当番の子どもたちと同様にエプロンと三角巾を着用して、校内を回ります。配膳のフォローをしたり、実際に子どもたちが食べている様子を見て気づくことがたくさんあるのだとか。

さらに午後は残菜（食べ残し量など）をチェック。いつもより残菜が多い日は調理員と話し合い、「味つけや切り方など、こんなところは改善できるよ、次はこうしようとお互いに提案しながら、次の機会に生かしています」。調理員や先生がたと連携しながら、もっと"おいしい給食"にするため、日々奮闘する高安さんの1日はあっという間に過ぎていきます。

苦手な食材や味を"好き"に変えるひと工夫で「給食が楽しみ！」に

とはいえ子どもは好き嫌いが多く、バランスのよい食事をと考えても、なかなか思いどおりにいかない苦労もあるはず。「そうですね（笑）。今日は苦手なきのこが入っていたとか、魚は嫌いとか、いろいろな声が届きます。それでも食べて栄養を摂ってもらうことが大事なので、食べやすい味つけにしたり、細かく刻んでみた

り、魚はつみれにするなど、調理員さんに協力していただきながら、さまざまな工夫をしています」。残菜になりそうな食材については、給食通信やお昼の放送で栄養をアピールすることも。苦手な食材や味を"好き"に変えるひと工夫が、子どもたちの「給食が楽しみ！」につながると、高安さんは考えています。

「私自身も給食が大好きで、それを楽しみに学校に行っていたタイプ（笑）。だから、ちょっと今日は学校に行きたくないなぁという気分の日も、給食がみそラーメンだから行こうとか、子どもたちにとってそんな前向きな気持ちにつながる献立づくりができたらと思っています」

高安さんが目指すのは全員、おいしく完食！栄養士の知恵と工夫、そして栄養がたっぷり詰まった給食は、今日も子どもたちのおなかをいっぱいにしています。

月1回「おいしい給食検討会」を開催

区内の全小・中学校の栄養士さんが集まる勉強会。人気メニューのレシピなど情報を共有

足立区では「おいしい給食」の向上と情報交換を目的に、毎月1回、区内全校の栄養士が集まって検討会を開催しています。高安さんも「各学校の取り組みなど、情報共有はもちろんのこと、栄養士同士のコミュニケーションもとれ、とてもいい機会です。私自身も先輩の栄養士さんたちからたくさんのことを学んでいます」といいます。ベテランから若手まで、それぞれの立場で工夫を持ち寄って話し合うこの検討会は、足立区の「日本一おいしい給食」事業に欠かせない場となっています。

> 野菜献立 1

足立区の代表野菜・小松菜がた〜っぷり！
ピリ辛小松菜丼献立

足立区内の農園で採れた小松菜を主食にも、副菜にも。カルシウムや鉄分を豊富に含んだ小松菜は栄養満点。みずみずしく、シャキシャキとした食感は、子どもたちにも大好評！

主食 ピリ辛小松菜丼

● 材料（2人分）
- 豚こまぎれ肉 … 50g
- 小松菜 … 2株（80g）
- 玉ねぎ … 1/2個（90g）
- にんじん … 2cm（20g）
- しめじ … 1/4パック（25g）
- にんにく … 1/2かけ（4g）
- しょうが … 1/4かけ（4g）
- A［しょうゆ … 小さじ2／コチュジャン、酒 … 各小さじ1／砂糖 … 小さじ2/3／こしょう … 少々］
- ごま油 … 小さじ1/2
- いり白ごま … 小さじ1
- 温かいごはん … 1合分
- サラダ油 … 小さじ1

● 作り方
1. 小松菜は3cm長さのざく切り、玉ねぎは薄切り、にんじんは短冊切りにする。しめじは小房に分ける。にんにくとしょうがはみじん切りにする。
2. Aは混ぜ合わせる。
3. フライパンにサラダ油、にんにくとしょうが、豚肉を入れ、中火で炒める。肉の色が変わったら玉ねぎ、にんじん、しめじを順に加えて炒める。
4. 野菜に火が通ったら、2で調味する。小松菜を加えてさっと炒め、ごま油を回し入れる。
5. 器にごはんを盛って4をかけ、ごまをふる。

副菜 こまツナサラダ

● 材料（2人分）
- 小松菜 … 1株（40g）
- キャベツ … 1/2枚（25g）
- もやし … 1/4袋（50g）
- ホールコーン（冷凍） … 大さじ2（20g）
- ツナ（オイル漬け） … 1/4缶（18g）
- A［しょうゆ … 小さじ1／ごま油、酢 … 各小さじ1/2／砂糖 … 小さじ1/3／塩 … 少々］

● 作り方
1. 小松菜は3cm長さのざく切り、キャベツは4cm長さの細めの短冊切りにする。
2. 鍋に湯を沸かし、1、もやしをさっとゆでて冷水で冷まし、水けを絞り、ボウルに入れる。ツナの油をきって加え、混ぜる。
3. コーンはさっと湯をかける。
4. 耐熱容器にAを入れて混ぜ合わせ、ラップをふんわりかけて電子レンジで30秒加熱し、冷ます。
5. 食べる直前に2、3を混ぜ、4であえる。

汁物 豆腐と卵のスープ

● 材料（2人分）
- 木綿豆腐 … 1/6丁（50g）
- 卵 … 1個
- 豚こまぎれ肉 … 20g
- 玉ねぎ … 1/8個（20g）
- にんじん … 1cm（10g）
- カットわかめ（乾燥） … 小さじ1（1g）
- A［水 … 1と1/2カップ／鶏ガラスープのもと … 小さじ1/2］
- B［しょうゆ … 小さじ1/2／塩 … ひとつまみ／こしょう … 少々］
- C［かたくり粉 … 小さじ1／水 … 大さじ1］

● 作り方
1. 豆腐はさいの目に切る。玉ねぎは薄切り、にんじんはせん切りにする。
2. 鍋にAを入れて火にかけ、煮立ったら豚肉、豆腐、玉ねぎ、にんじんを順に加えて煮る。
3. 具材に火が通ったら、わかめを加えてBで調味し、といたCでとろみをつける。
4. 卵をときほぐして3に細く流し入れ、ふんわりしたら火を止める。

栄養の通信簿 ピリ辛小松菜丼献立
- たんぱく質 101%
- 脂質 111%
- 炭水化物 89%
- カルシウム 190%
- マグネシウム 103%
- 鉄 114%
- 亜鉛 154%
- ビタミンA 175%
- ビタミンB₁ 156%
- ビタミンB₂ 168%
- ビタミンC 117%
- 食物繊維 87%

1食あたりの理想栄養摂取量を100%とする

野菜献立 2

パスタと合わせれば野菜もパクパクすすむ
小松菜のクリームスパゲティ献立

野菜の甘みとえびのうまみがクリーミーなソースと相まって、止まらぬおいしさ！
実は小松菜農家の宇佐美さん（76ページ）も大好物だとか！

主食 小松菜のクリームスパゲティ

● 材料（2人分）
- むきえび（ボイル）… 40g
- ベーコン … 1/2枚（10g）
- 玉ねぎ … 1/2個（90g）
- 小松菜 … 1株（40g）
- しめじ … 1/10株（10g）
- スパゲティ … 110g
- 小麦粉 … 大さじ1
- バター … 5g
- A [水 … 1/4カップ / 牛乳 … 3/4カップ / スープのもと（顆粒）… 小さじ1/2]
- B [塩 … 小さじ1/3 / こしょう … 少々]
- オリーブ油 … 小さじ1/4

● 作り方
1. ベーコンは5mm幅の短冊切り、玉ねぎは薄切り、小松菜は3cm長さのざく切り、しめじは小房に分ける。
2. フライパンにバター、玉ねぎ、ベーコン、しめじを入れて中火で炒め、小松菜を加える。
3. 玉ねぎがしんなりしたらえびを加え、小麦粉をふり入れてなじませる。Aを加え、とろみがつくまで煮てBで調味する。
4. スパゲティは表示どおりにゆで、湯をきってオリーブ油をからめる。
5. 器に4を盛って3をかける。

デザート 小松菜カップケーキ

● 材料（2人分）
- 小松菜 … 1/2株（20g）
- 卵 … 1/2個分
- 牛乳 … 大さじ1
- A [薄力粉 … 50g / ベーキングパウダー … 小さじ1/2]
- バター … 5g
- 砂糖 … 大さじ1と1/2

● 作り方
1. 小松菜はざく切りにしてゆで、水けをよく絞る。
2. ボウルに卵を入れ、牛乳と1を加えて混ぜ、ミキサーにかけてなめらかにし、ボウルに戻す。
3. Aは合わせてふるう。
4. バターをとかして2に加え、砂糖も加えてよく混ぜ合わせる。3を加えてさっくりと混ぜ、マフィンカップに流す。
5. 180度に予熱したオーブンで15分焼く。

汁物 大豆と野菜のスープ

● 材料（2人分）
- 大豆（水煮）… 大さじ1（15g）
- じゃがいも … 小1個（60g）
- 玉ねぎ … 1/8個（20g）
- にんじん … 1cm（10g）
- キャベツ … 1/2枚（25g）
- 豚こまぎれ肉 … 20g
- A [水 … 1と1/2カップ / スープのもと（顆粒）… 小さじ1]
- B [塩 … ひとつまみ / こしょう … 少々]
- サラダ油 … 小さじ1/2

● 作り方
1. じゃがいもは厚めのいちょう切り、玉ねぎはくし形切りにする。にんじんは5mm厚さのいちょう切り、キャベツは4cmの色紙切りにする。
2. 鍋にサラダ油、豚肉、じゃがいも、玉ねぎ、にんじんを入れて中火で炒める。肉の色が変わったら、A、キャベツ、大豆を加えて煮る。
3. 具材に火が通ったらBで調味する。

栄養の通信簿
小松菜のクリームスパゲティ献立

- たんぱく質 113%
- 脂質 111%
- 炭水化物 100%
- カルシウム 213%
- マグネシウム 118%
- 鉄 89%
- 亜鉛 120%
- ビタミンA 120%
- ビタミンB1 142%
- ビタミンB2 163%
- ビタミンC 102%
- 食物繊維 168%

1食あたりの理想栄養摂取量を100%とする

野菜献立 3

見た目にも楽しい！
小松菜入りジャンボ揚げ餃子献立

餃子の皮で小松菜たっぷりの餡をサンド！
パリッとした皮の食感とジューシーな肉と野菜のうまみを楽しめる人気のおかずです。

主菜 小松菜入りジャンボ揚げ餃子

● 材料（2人分）
- 小松菜 … 1株（40g）
- キャベツ … 1/2枚（25g）
- 豚ひき肉 … 60g
- しょうが（すりおろす）… 小さじ1/4
  ※チューブなら1cm強
- にんにく（すりおろす）… 小さじ1/4
  ※チューブなら1cm強
- A
  - かたくり粉 … 小さじ1
  - ごま油 … 小さじ1/2
  - 塩 … ひとつまみ
  - こしょう … 少々
  - しょうゆ … 小さじ1/3
- 餃子の皮 … 8枚（48g）
- B 小麦粉・水 … 各適量
- 揚げ油 … 適量

● 作り方
1. 小松菜とキャベツはみじん切りにし、塩ひとつまみ（分量外）を加えてもみ、水けをよく絞る。
2. ボウルに1、ひき肉、しょうが、にんにく、Aを合わせてよくねり混ぜ、4等分する。
3. 餃子の皮1枚の中央に2をのせ、といたBを皮のふちにぐるりと塗る。上からさらに皮を1枚のせて周囲をしっかりとめる。
4. 揚げ油を低温に熱して3を入れ、火が通って皮がきつね色になるまで揚げる。

主食 ごはん

副菜 もやしとわかめの甘酢あえ

● 材料（2人分）
- もやし … 1/3袋（70g）
- カットわかめ（乾燥）… 小さじ1
- きゅうり … 1/4本（25g）
- にんじん … 1cm（10g）
- A
  - しょうゆ … 小さじ1
  - 酢 … 小さじ2/3
  - 砂糖 … 小さじ1/3
  - ごま油 … 小さじ1/2
- いり白ごま … 小さじ1/2

● 作り方
1. わかめは水でもどす。きゅうりとにんじんはせん切りにする。
2. 耐熱容器にAを入れて混ぜ合わせ、ラップをふんわりかけて電子レンジで20秒加熱し、冷ます。
3. 鍋に湯を沸かしてにんじんをゆで、やわらかくなったら、もやし、わかめ、きゅうりを加えてひと混ぜする。流水で冷まし、水けを絞る。
4. 3をボウルに入れ、食べる食前に2とごまを加えてあえる。

汁物 中華コーンスープ

● 材料（2人分）
- 鶏むね肉 … 30g
- 玉ねぎ … 1/4個（45g）
- にんじん … 1cm（10g）
- 小松菜 … 1/2株（20g）
- 卵 … 1個
- A
  - 水 … 1と1/2カップ
  - 鶏ガラスープのもと … 小さじ1
- クリームコーン … 大さじ3強（50g）
- B
  - 塩、こしょう … 各少々
  - しょうゆ … 小さじ1/2
- C
  - かたくり粉 … 小さじ1
  - 水 … 大さじ1
- ごま油 … 小さじ1/2

● 作り方
1. 鶏肉は細切りにする。玉ねぎは薄切り、にんじんはせん切りにする。小松菜は1cm長さに切る。
2. 鍋にAを入れて火にかけ、煮立ったら鶏肉、にんじん、玉ねぎを加えて煮る。
3. 具材に火が通ったら、クリームコーンとB、小松菜を加えてひと煮し、といたCでとろみをつける。
4. 卵はときほぐし、3に細く流し入れる。ふんわりしたら火を止め、ごま油を回し入れる。

栄養の通信簿
小松菜入りジャンボ揚げ餃子献立
- たんぱく質 94%
- 脂質 129%
- 炭水化物 92%
- カルシウム 152%
- マグネシウム 83%
- 鉄 77%
- 亜鉛 128%
- ビタミンA 126%
- ビタミンB1 126%
- ビタミンB2 150%
- ビタミンC 81%
- 食物繊維 57%

1食あたりの理想栄養摂取量を100%とする

野菜献立 4

ヘルシー&野菜たっぷりなハンバーグ風
小松菜入り豆腐つくね献立

ハンバーグのような見た目の大きなつくねはあっさりとした味わい。
とろみのある甘めのたれをからめて満足感のある一品に。

主菜 小松菜入り豆腐つくね

● 材料（2人分）

- 鶏ひき肉 … 100g
- A [塩 … ひとつまみ
      こしょう … 少々]
- 木綿豆腐 … 1/3丁（100g）
- 小松菜 … 1株（40g）
- 玉ねぎ … 1/4個（45g）
- B [しょうゆ … 大さじ1/2
      砂糖 … 小さじ2
      みりん … 小さじ1/3
      だし … 大さじ2]
- C [かたくり粉 … 小さじ1/3
      水 … 大さじ1]
- かたくり粉 … 小さじ2
- サラダ油 … 小さじ1

● 作り方

1. 豆腐はペーパータオルで包み、耐熱皿にのせラップをせずに、電子レンジで2分加熱して水きりする。
2. 小松菜はさっとゆでて水けを絞り、1cm長さのざく切りにする。玉ねぎはみじん切りにする。
3. ボウルにひき肉を入れてAを加え、粘りが出るまでねる。1、玉ねぎ、かたくり粉を加えてさらにねり混ぜる。
4. 小松菜を加えて混ぜ、2等分して平たい丸形に成形する。
5. フライパンにサラダ油、4を入れ、中火で両面をこんがりと焼く。竹串を刺して透明な汁が出てきたら中まで火が通っている。
6. 小鍋にBを入れて混ぜ合わせ、火にかける。煮立ったら火を弱め、といたCでとろみをつける。
7. 器に5を盛り、6をかける。

副菜 カリカリごまマヨあえ

● 材料（2人分）

- にんじん … 2cm（20g）
- 小松菜 … 1株（40g）
- もやし … 1/4袋（50g）
- 油揚げ … 1/2枚（9g）
- A [マヨネーズ … 大さじ1
      しょうゆ … 小さじ1/2
      みりん … 小さじ1/3]
- すり白ごま … 小さじ1
- いり白ごま … 小さじ1

● 作り方

1. にんじんはせん切り、小松菜は3cm長さのざく切りにする。
2. 鍋に湯を沸かし、1ともやしをさっとゆでて流水で冷まし、水けを絞る。
3. 油揚げは短冊切りにし、オーブントースターでカリカリに焼く。
4. 耐熱容器にAを入れて混ぜ合わせ、ラップをふんわりかけて電子レンジで20秒加熱し、冷ます。
5. 食べる直前にボウルに2と3を入れ、4とごまを加えてあえる。

主食 ごはん

汁物 じゃがいもと玉ねぎとわかめのみそ汁

● 材料（2人分）

- じゃがいも … 小1個（60g）
- 玉ねぎ … 1/4個（45g）
- カットわかめ（乾燥）… 小さじ1（1g）
- だし … 1と1/2カップ
- みそ … 大さじ1

● 作り方

1. じゃがいもは1.5cm厚さのいちょう切り、玉ねぎは薄切りにする。
2. 鍋にだしとじゃがいもを入れて火にかけ、煮立ったら玉ねぎを加える。
3. じゃがいもに火が通ったらわかめを加え、みそをとき入れる。

栄養の通信簿 — 小松菜入り豆腐つくね 献立

- たんぱく質 104%
- 脂質 121%
- 炭水化物 91%
- カルシウム 194%
- マグネシウム 133%
- 鉄 120%
- 亜鉛 128%
- ビタミンA 118%
- ビタミンB1 96%
- ビタミンB2 143%
- ビタミンC 102%
- 食物繊維 110%

1食あたりの理想栄養摂取量を100%とする

学校栄養士がおすすめ「子どもが残さず食べてくれる」野菜献立ベスト8

香ばしい油揚げと野菜が合う！

▼ 小松菜入り豆腐つくね
174kcal
塩分 1.1g

▲ カリカリごまマヨあえ
83kcal
塩分 0.3g

ほんのり野菜の甘さも感じるやさしい味

▲ ごはん(165g)
257kcal
塩分 0.0g

▲ じゃがいもと玉ねぎとわかめのみそ汁
45kcal
塩分 1.4g

小松菜入り豆腐つくね献立
カロリー 685kcal
塩分 3.0g

野菜献立 5

グラタンにすれば野菜がたくさん食べられる！
キャベツのグラタン献立

キャベツの甘みとベーコンの塩けが口の中でとけ合います。「マセドアン」はフランス語でさいの目切りのこと。
カットの仕方で食感も変わるので、いつもの野菜が新鮮な味に。

主菜　キャベツのグラタン

● 材料（2人分）
- キャベツ … 2枚（100g）
- 玉ねぎ … 1/4個（45g）
- ベーコン … 2枚（40g）
- マカロニ … 30g
- 牛乳 … 3/4カップ
- バター … 10g
- 小麦粉 … 大さじ1と1/2
- A ┌ 水 … 大さじ2
  └ スープのもと（顆粒）… 小さじ1/4
- B ┌ 塩 … ひとつまみ
  └ こしょう … 少々
- ピザ用チーズ … 25g
- サラダ油 … 小さじ1/2

● 作り方
1. キャベツは2cm長さのざく切り、玉ねぎは薄切りにする。ベーコンは短冊切りにする。
2. マカロニは表示どおりにゆで、ざるに上げる。牛乳は温める。
3. 小鍋にバターを入れて弱火で焦がさないようにとかし、小麦粉を加えてへらでよく炒める。サラサラになったら牛乳を加え、ゆっくりときのばす。
4. フライパンにサラダ油、玉ねぎとベーコンを入れ、中火で炒める。玉ねぎが透き通ってきたら、キャベツとAを加えて煮る。
5. キャベツに火が通ったら、マカロニと3を加えてBで調味する。
6. 耐熱容器に5を流し入れてチーズを散らし、オーブントースターで焼き色がつくまで焼く。

主食　バターロール

副菜　マセドアンサラダ

● 材料（2人分）
- じゃがいも … 大1/2個（80g）
- にんじん … 1cm（10g）
- きゅうり … 1/4本（25g）
- ホールコーン（冷凍）… 大さじ4（40g）
- A ┌ 玉ねぎ（すりおろす）… 大さじ1/2
  │ 塩 … ひとつまみ
  │ はちみつ、こしょう … 各少々
  │ レモン汁 … 小さじ1/4
  └ 酢、サラダ油 … 各小さじ1/2

● 作り方
1. じゃがいも、にんじん、きゅうりは1cm角に切る。
2. 鍋にじゃがいもとにんじんを入れ、かぶるくらいの水を加えてゆでる。やわらかくなったらコーンときゅうりを加え、すぐに流水で冷まし、水けをきる。
3. 耐熱容器にAを入れて混ぜ合わせ、ラップをふんわりかけ電子レンジで1分加熱する。味をみて辛みが残っているようであれば、様子を見ながら追加で加熱し、冷ます。
4. ボウルに2を入れ、食べる直前に3を加えてあえる。

栄養の通信簿
キャベツのグラタン献立
- たんぱく質 91%
- 脂質 156%
- 炭水化物 78%
- カルシウム 212%
- マグネシウム 86%
- 鉄 40%
- 亜鉛 109%
- ビタミンA 91%
- ビタミンB1 106%
- ビタミンB2 150%
- ビタミンC 141%
- 食物繊維 138%

1食あたりの理想栄養摂取量を100%とする

野菜献立 6

スパイス香る本格派
大豆入りドライカレー献立

大豆の風味が味わい深く、歯ごたえのあるカレーは大人が食べても大満足の一品です。
さっぱりと食べられる副菜とデザートを添えてバランスも◎。

主食 大豆入りドライカレー

● 材料（2人分）

〈ターメリックライス〉
米 … 1合
玉ねぎ … 1/10個 (18g)
A ┌ カレー粉 … 小さじ1/2
  └ ターメリック、塩 … 各少々
サラダ油 … 小さじ1/2

〈ドライカレー〉
豚ひき肉 … 80g
大豆（水煮）… 大さじ2 (30g)
玉ねぎ … 9/10個 (162g)
にんじん … 1/4本 (45g)
にんにく … 1/4かけ (2g)
しょうが … 1/5かけ (3g)
B ┌ カレー粉 … 小さじ1/2
  │ トマトケチャップ、トマトピューレ … 各小さじ2
  │ 中濃ソース … 大さじ1/2
  │ 赤ワイン、フルーツチャツネ … 各小さじ1/2
  │ ガラムマサラ、ローリエ（パウダー）… 各少々
  └ しょうゆ … 小さじ1/3
C ┌ 塩 … 小さじ1/3
  └ こしょう … 少々
小麦粉 … 小さじ2
粉チーズ … 小さじ1
サラダ油 … 小さじ1/2

● 作り方

1. ターメリックライスを作る。玉ねぎはみじん切りにし、サラダ油でしんなりするまで炒め、Aで調味する。
2. 米は炊く30分前に洗ってざるに上げておく。米を炊飯器に入れ、少なめの水かげんにし、1を加えてよく混ぜ、普通に炊く。
3. ドライカレーを作る。大豆、玉ねぎ、にんじんはあらみじんに、にんにくとしょうがはみじん切りにする。
4. 鍋にサラダ油の半量と玉ねぎを入れ、しんなりするまで炒めてとり出す。
5. 4の鍋に残りのサラダ油、にんにくとしょうがを入れて中火で炒める。香りが立ったらひき肉を加えて炒め、パラパラになったらにんじんを加えて炒める。
6. 4を5に戻し入れてBを加え、10分ほど煮る。Cで調味し、小麦粉をふり入れてとろみをつけ、粉チーズを加える。
7. 2が炊き上がったら器に盛り、6をかける。

副菜 くきわかめサラダ

● 材料（2人分）

くきわかめ … 10g
もやし … 1/4袋 (50g)
キャベツ … 1枚 (50g)
にんじん … 1cm (10g)
きゅうり … 1/4本 (25g)

A ┌ しょうゆ、ごま油 … 各小さじ1/2
  │ サラダ油、酢 … 各小さじ1
  │ 砂糖 … ひとつまみ
  └ 洋からし（パウダー）… 少々

● 作り方

1. くきわかめは食べやすい大きさに切ってさっとゆでる。
2. キャベツは4cm長さの細めの短冊切り、にんじんはせん切りにする。きゅうりは4cm長さの短冊切りにする。
3. 鍋に湯を沸かし、もやし、キャベツ、にんじんをゆでる。きゅうりを加えたら流水で冷まし、水けを絞る。
4. 耐熱容器にAを入れて混ぜ合わせ、ラップをふんわりかけて電子レンジで10秒加熱し、冷ます。
5. ボウルに1と3を入れて混ぜ、食べる直前に4を加えてあえる。

デザート フルーツヨーグルト

● 材料（2人分）

みかん（缶詰）… 40g
パイナップル（缶詰）… 40g
白桃（缶詰）… 40g
プレーンヨーグルト … 大さじ4 (60g)

● 作り方

1. フルーツを一口大に切る。
2. 容器に1のフルーツを入れ、ヨーグルトをかける。

栄養の通信簿
大豆入りドライカレー献立

- たんぱく質 88%
- 脂質 110%
- 炭水化物 105%
- カルシウム 166%
- マグネシウム 99%
- 鉄 69%
- 亜鉛 143%
- ビタミンA 133%
- ビタミンB₁ 147%
- ビタミンB₂ 128%
- ビタミンC 87%
- 食物繊維 103%

1食あたりの理想栄養摂取量を100%とする

▼ くきわかめサラダ
44kcal
塩分 0.6g

▼ フルーツヨーグルト
61kcal
塩分 0.0g

甘酸っぱい味つけ。あと引くおいしさ

▼ 大豆入りドライカレー
467kcal
塩分 1.8g

学校栄養士がおすすめ「子どもが残さず食べてくれる」野菜献立ベスト8

初めてドライカレーを食べた思い出の味！

大豆入りドライカレー献立
カロリー 698kcal
塩分 2.6g

69

野菜献立 7

ビビンバの甘辛だれで野菜もパクパクいける！
切り干し大根のビビンバ献立

彩りあざやかなビビンバが主役です。副菜のししゃもをから揚げにしたり、
スープにワンタンの皮を入れたりと、食感を楽しむひと工夫も。

主食 切り干し大根のビビンバ

● 材料（2人分）

- 豚こまぎれ肉 … 50g
- しょうゆ … 小さじ1/2
- 切り干し大根 … 15g
- にんじん … 2cm（20g）
- 小松菜 … 1株（40g）
- もやし … 1/3袋（65g）
- A ┌ 塩 … 少々
　　├ ごま油 … 小さじ1/2
　　└ いり白ごま … 小さじ1
- B ┌ 砂糖、みりん、しょうゆ
　　│ 　… 各小さじ1
　　└ コチュジャン … 小さじ1/2
- 卵 … 1個
- C ┌ 砂糖 … 小さじ1/2
　　└ 塩 … 少々
- 温かいごはん … 1合分
- ごま油 … 小さじ1
- サラダ油 … 小さじ1/2

● 作り方

1. 豚肉はしょうゆで下味をつける。切り干し大根は水でもどして水けを絞り、ざく切りにする。にんじんはせん切り、小松菜は5cm長さに切る。
2. 耐熱容器に小松菜ともやしを入れ、ラップをふんわりかけて電子レンジで4分加熱する。水けをきり、Aを加えてあえる。
3. フライパンにごま油、豚肉を入れて中火で炒める。肉の色が変わったらにんじんを加える。にんじんがしんなりしたら切り干し大根を加えて炒め、Bで調味する。
4. 卵はときほぐしてCを混ぜる。サラダ油を熱して炒り卵を作る。
5. 器にごはんを盛って2、3、4をのせる。

主菜 小魚のから揚げ

● 材料（2人分）

- ししゃも … 4尾（60g）
- A ┌ にんにく（チューブ）… 1cm
　　├ しょうが（チューブ）… 1cm
　　├ 酒 … 小さじ1/2
　　└ しょうゆ、みりん … 各小さじ1/3
- かたくり粉、サラダ油 … 各適量

● 作り方

1. ししゃもはAで下味をつけ、かたくり粉を全体にまぶす。
2. フライパンにサラダ油を深さ1cmほど入れ、1を加えて中火にかける。揚げ焼きにして火を通す。

汁物 ワンタンスープ

● 材料（2人分）

- ワンタンの皮 … 5枚（20g）
- 豚こまぎれ肉 … 20g
- にんじん … 2cm（20g）
- 白菜 … 1/4枚（30g）
- 小松菜 … 1/2株（20g）
- A ┌ 水 … 1と1/2カップ
　　└ 鶏ガラスープのもと … 小さじ1
- B ┌ 塩 … ひとつまみ
　　├ こしょう … 少々
　　└ しょうゆ … 小さじ1

● 作り方

1. ワンタンの皮は半分に切る。にんじんは5mm厚さのいちょう切り、白菜は3cm長さの短冊切り、小松菜はざく切りにする。
2. 鍋にA、にんじん、白菜を入れて火にかける。煮立ったら豚肉と小松菜を加える。
3. 肉と野菜に火が通ったら、Bで調味する。ワンタンの皮を加えてひと煮する。

栄養の通信簿
切り干し大根のビビンバ献立

- たんぱく質 104%
- 脂質 125%
- 炭水化物 95%
- カルシウム 217%
- マグネシウム 102%
- 鉄 91%
- 亜鉛 158%
- ビタミンA 170%
- ビタミンB1 136%
- ビタミンB2 178%
- ビタミンC 75%
- 食物繊維 70%

1食あたりの理想栄養摂取量を100%とする

学校栄養士がおすすめ「子どもが残さず食べてくれる」野菜献立ベスト8

小魚のから揚げ ▼
93kcal
塩分 0.6g

にんにくの香りに食欲がアップ！

まぜまぜして食べよう

▲ 切り干し大根のビビンバ
444kcal
塩分 1.0g

ワンタンの皮がツルツル。いい仕事してる〜

ワンタンスープ ▲
59kcal
塩分 1.5g

切り干し大根の
ビビンバ献立
カロリー 722kcal
塩分 3.3g

野菜献立 8

惣菜パン&チャウダーの王道コンビ
きんぴらドッグ献立

和のおかず、きんぴらをコッペパンにたっぷりはさみました。甘辛く味つけたきんぴらはパンとの相性もバツグン。クリーミーな汁物にもよく合います。

主食 きんぴらドッグ

● 材料（2人分）

コッペパン … 2個（70g／個）
ごぼう … 10㎝（40g）
にんじん … 1/6本（30g）
豚こまぎれ肉 … 20g
A ┌ 砂糖、酒、みりん … 各小さじ1/3
　├ しょうゆ、ごま油 … 各小さじ1/2
　├ 七味とうがらし … 少々
　└ 水 … 大さじ1
いり白ごま … 小さじ1
ピザ用チーズ … 大さじ2
サラダ油 … 小さじ1/2

● 作り方

1. ごぼうとにんじんはせん切りにする。豚肉は大きければ食べやすい大きさに切る。
2. 鍋にサラダ油、豚肉、ごぼう、にんじんを入れて中火で炒め、Aで調味し、汁けがなくなったら、ごまをふってからめる。
3. パンは縦に切り目を入れ、2をはさむ。チーズをのせてオーブントースターでチーズに焼き目がつくまで焼く。

デザート サイダーゼリー

● 材料（2人分）

サイダー … 1/3カップ
A ┌ 水 … 1/3カップ
　└ 粉寒天 … 1g
砂糖 … 大さじ1
パイナップル（缶詰）… 20g
みかん（缶詰）… 20g

● 作り方

1. サイダーは常温にもどす。パイナップルは一口大に切る。
2. 鍋にAを入れて中火にかけ、混ぜながらよくとかす。砂糖を加えてまぜ、とけたら火からおろし、サイダーをそっと加える。
3. 耐熱容器にパイナップルとみかんを入れ、2を流し入れる。あら熱がとれたら冷蔵庫で冷やし固める。

汁物 コーンチャウダー

● 材料（2人分）

鶏むね肉 … 40g
ベーコン … 1/2枚（10g）
玉ねぎ … 1/4個（45g）
じゃがいも … 小1個（60g）
にんじん … 2㎝（20g）
しめじ … 1/4パック（25g）
小松菜 … 1/2株（20g）
ブロッコリー … 4房（80g）
ホールコーン（冷凍）… 大さじ4（40g）
A ┌ 水 … 1カップ
　└ スープのもと（顆粒）… 小さじ1
B ┌ 牛乳 … 1カップ
　└ 米粉 … 大さじ2
C ┌ 塩 … ひとつまみ
　├ こしょう … 少々
　├ バター … 5g
　└ 粉チーズ … 小さじ1
サラダ油 … 小さじ1/2

● 作り方

1. 鶏肉は一口大に切る。ベーコンは1㎝幅に切る。玉ねぎは薄切り、じゃがいもとにんじんは1.5㎝幅のいちょう切りにする。しめじは小房に分ける。小松菜はざく切りにする。
2. 鍋にサラダ油、鶏肉とベーコンを入れ、中火で炒める。肉の色が変わったら玉ねぎ、じゃがいも、にんじん、しめじを加えて炒める。
3. 油が回ったらAを加え、煮立ったら小松菜、ブロッコリー、コーンを加える。
4. Bをよく混ぜ合わせて加え、ひと煮したらCで調味する。

栄養の通信簿 きんぴらドッグ献立

- たんぱく質 107%
- 脂質 121%
- 炭水化物 91%
- カルシウム 232%
- マグネシウム 109%
- 鉄 63%
- 亜鉛 135%
- ビタミンA 170%
- ビタミンB1 131%
- ビタミンB2 195%
- ビタミンC 222%
- 食物繊維 168%

1食あたりの理想栄養摂取量を100%とする

学校栄養士がおすすめ「子どもが残さず食べてくれる」野菜献立ベスト8

▼ サイダーゼリー
47kcal
塩分 0.0g

口の中でシュワシュワ弾ける新感覚ゼリー

野菜が6種類も入ってる！

▼ きんぴらドッグ
268kcal
塩分 1.3g

▲ コーンチャウダー
234kcal
塩分 1.2g

きんぴらとチーズの相性が最高！

きんぴらドッグ献立
カロリー 675kcal
塩分 2.7g

野菜献立

これがあれば野菜嫌いさんでもパクパク！
栄養士さんが教える
人気ドレッシングレシピ6

足立区の「おいしい給食」レシピは、野菜がたくさん入っていて、子どもたちが喜んで食べてくれます。その秘訣は、栄養士さんが考えた手作りドレッシング。ぜひおうちのサラダで試してみてください。

※材料の分量はすべて作りやすい分量です

フレンチドレッシング

● 材料
サラダ油 … 大さじ1
酢 … 大さじ1
塩 … 小さじ1/2
こしょう … 少々
※お好みですりおろし玉ねぎ少々を加えてもOK。

中華ドレッシング

● 材料
長ねぎ（みじん切り）… 小さじ1
ごま油 … 大さじ1
酢 … 大さじ1
しょうゆ … 大さじ2
砂糖 … 小さじ1／2
※お好みですりおろしにんにくやすりおろししょうがを少々加えてもOK。

ごま酢あえのたれ

● 材料
いり白ごま … 大さじ1と1/2
酢 … 大さじ1
しょうゆ … 大さじ1強
砂糖 … 大さじ1強
からし（チューブ）… 4cm

これもおすすめ！
インドカレー屋さんのドレッシング風

● 材料
サラダ油、酢、砂糖、トマトケチャップ … 各小さじ1
塩 … 小さじ1/2
にんじん（すりおろし）… 大さじ2
玉ねぎ（みじん切り）… 大さじ1
プレーンヨーグルト（無糖）… 大さじ2
ガラムマサラ、パプリカパウダー … 各小さじ1/2
※ガラムマサラはカレー粉で代用可能。
※パプリカパウダーはなくてもOK。

ナムルのたれ

● 材料
ごま油 … 小さじ2
にんにく（チューブ）… 1cm
酢 … 大さじ2
しょうゆ … 大さじ2
塩 … 小さじ1/3
砂糖 … 大さじ1と1/2
いり白ごま … 少々

シーザードレッシング風

● 材料
オリーブ油 … 大さじ1
酢 … 小さじ4
塩 … 小さじ1/2
こしょう … 少々
にんにく（チューブ）… 1cm

和風ドレッシング

● 材料
サラダ油 … 大さじ1
酢 … 大さじ1
しょうゆ … 大さじ2
砂糖 … 小さじ1/2
※お好みですりおろし玉ねぎ少々を加えてもOK。

● 作り方
耐熱容器に材料をすべて入れ、ラップをふんわりかけて電子レンジで30秒〜1分加熱し、冷ます。
※給食ではドレッシングも加熱しています。

プロフェッショナルたちの本気

学校給食に携わって18年。
妥協なしの小松菜づくりで食育を支える〝小松菜おじさん〟

宇佐美農園
7代目 宇佐美一彦さん

栄養士さんの熱意に打たれ、親子2代で子どもたちにおいしい小松菜を届けています

　足立区の小・中学校の給食で使用されている小松菜は、すべて「メイド・イン・足立」。毎朝、生産者が給食室に届けています。この取り組みの出発点となったのが、江戸時代から約150年続く足立区辰沼にある宇佐美農園です。
　「小学校の小松菜収穫体験に付き添いで来ていた栄養士さんから〝持ち帰った小松菜がおいしくて、感激しました。ぜひ給食で使わせてください〟とお話をいただいたのが最初でした。ただ当時は市場に納品していたので、給食との両立が難しくお断わりしていたんです」と振り返るのは、7代目の宇佐美一彦さん。
　あきらめきれなかった栄養士さんは自ら収穫し、その小松菜を学校で給食に出したそう。「土がついたままの小松菜を持ち帰られて。年に数回でしたが、その熱意に胸を打たれました」
　もともとつくる側と食べる側、お互いに顔が見える関係を大事にしたいと考えていた宇佐美

76

Food Education 1

小松菜のおいしさと、フードロス問題を伝える「出前授業」

　現在、宇佐美さんは小松菜の納品を担当している68校中、約50校で「出前授業」を行っています。自作の紙芝居を使って小松菜の歴史について教えたり、フードロスやSDGsについてわかりやすく解説したりと、子どもたちの食育にも力を注いでいます。

　授業終了後は教室で子どもたちとともに給食を食べ、小松菜メニューを楽しむこともあるとか。「小松菜のクリームパスタや、ひじきとあえた一品など、私自身も新しい味を知り、子どもたちの声に直接耳を傾ける貴重な機会」と交流を大切にしています。

さん。ついに給食のために小松菜を届けることを決心しました。仲間の農家合わせて7軒で地域を分け、区内の小・中学校に毎朝配達。宇佐美農園ではハウスごとに生育時期をずらし、年間を通して50トンもの小松菜を納品しているそうです。いろいろな料理に使いやすい小松菜は毎日のように給食のメニューに登場。

「私自身、小松菜はおひたしぐらいしか食べ方を知らなかったので、工夫を凝らしておいしい小松菜メニューを作ってくださる栄養士さんは本当にすごいなぁと思っています」

土づくりからこだわった
愛情たっぷりの小松菜で
子どもたちを笑顔にしたい

　8年前に代を譲り、息子の大(まさる)さんに引き継いでからは、土づくりにもとことんこだわっています。
「塩を口にしていない馬の糞、納豆菌、米ぬかなどを堆肥とし、太陽熱で60度ぐらいまで温めることで土の中にいる害虫や卵を死滅させます。これによって農薬を最小限に抑えられるのはもちろんのこと、いい微生物だけを残して、小松菜にたっぷりと栄養を送ることができます」
　さらに「水やりの回数と量も、市場に卸していた頃と比べて3～4倍多いんです」とも。これこそがみずみずしく、ほのかな甘みが広がる宇佐美農園の小松菜のおいしさの秘密。調理員たちも「切ったときの音が違う」「ザクッとした手ごたえと、切り口のみずみずしさがすごい！」と絶賛します。
「子どもたちは正直だから"おいしい""好き"の言葉が最高の褒め言葉」と語る宇佐美さん。
　今日も子どもたちの笑顔のため、真摯に小松菜づくりに向き合っています。

Food Education 2
収穫体験を通して、小松菜を好きになるきっかけづくりも

　毎年、区内の小学校約30校の児童が社会科見学の一環として宇佐美農園を訪れています。小さな種から45日間、愛情をかけて育てられた小松菜を収穫する体験は、子どもたちにとって命の大切さを実感する貴重な機会。「畑と子どもたちの距離が近いのも、都市農業ならではですよね」と宇佐美さん。おみやげに持ち帰った小松菜を食べながら、家庭でも食育の輪が広がってほしいと語ります。

楽しい食シーンも提供！
「世界の料理」と「日本の郷土料理」

足立区の給食では、
趣向を凝らしたメニューも登場します。
このPartでは、世界の人気料理と日本の郷土料理をご紹介。
給食で旅行気分が味わえるなんて素敵！
ぜひご家庭でお楽しみください。

From Taiwan

楽しい食シーン 1

台湾の定番ごはん
ルーローハン献立

甘辛味つけのルーローハンは台湾で人気の丼。やさしい味わいのスープ、ルォボータンを合わせて。
見た目はプリン、食べるとまるでお豆腐のようなスイーツ「トウファ」も大好評。

主食 ルーローハン

● 材料（2人分）
- 豚バラかたまり肉 … 60g
- 豚ももかたまり肉 … 60g
- 酒 … 小さじ1
- 玉ねぎ … 1/2個（90g）
- にんにく（みじん切り） … 小さじ1/2
- しょうが（みじん切り） … 小さじ1/2
- ごま油 … 小さじ1と1/2
- A
  - 砂糖、しょうゆ … 各小さじ2
  - 酒 … 小さじ1
  - 酢 … 小さじ1/4
  - 五香粉（ウーシャンフェン） … 少々
- B
  - かたくり粉 … 小さじ1
  - 水 … 大さじ1
- 小松菜 … 1株（40g）
- 高菜漬け … 大さじ1（15g）
- 塩 … 少々
- 温かいごはん … 1合分

● 作り方
1. 豚肉は1.5cm角に切り、酒で下味をつける。
2. 玉ねぎは1.5cmの色紙切りにする。耐熱容器に入れ、ラップをふんわりかけて電子レンジで2分加熱する。
3. フライパンにごま油小さじ1とにんにく、しょうがを入れて弱火で炒め、香りが立ったら1を加えて中火で軽く炒める。
4. 3にかぶるくらいの水を加え、ふたをして弱めの中火で煮る。
5. 肉に火が通ったら、Aと2を加えて煮る。汁けがなくなってきたら、といたBでとろみをつける。
6. 小松菜と高菜漬けはざく切りにし、ごま油小さじ1/2で炒め、塩で調味する。
7. 丼にごはんを盛り、5をかけて6を添える。

汁物 ルォボータン

● 材料（2人分）
- 大根 … 5cm（100g）
- 長ねぎ … 10cm（20g）
- 万能ねぎ … 1本（4g）
- しょうが（せん切り） … 小さじ1/2
- 鶏むね肉 … 20g
- A
  - 水 … 1と1/2カップ
  - 鶏ガラスープのもと … 小さじ1
- B
  - 酒 … 小さじ1/2
  - 塩 … ひとつまみ
  - こしょう … 少々

● 作り方
1. 鶏肉は一口大に切る。大根は1cm厚さのいちょう切りにする。長ねぎは5mm幅の斜め切り、万能ねぎは小口切りにする。
2. 鍋にAと鶏肉、大根を入れて煮る。
3. 鶏肉と大根に火が通ったら、Bで調味する。しょうが、ねぎ、万能ねぎを加えてひと煮立ちさせる。

デザート トウファ

● 材料（90mlのプリンカップ2個分）
- 白桃（缶詰） … 40g
- A
  - 水 … 大さじ2
  - 粉寒天 … 1g
- 砂糖 … 小さじ2
- 無調整豆乳 … 70ml
- 生クリーム … 大さじ1
- 〈黒みつシロップ〉
- 黒砂糖 … 小さじ2
- はちみつ … 小さじ1/4
- 水 … 大さじ2

● 作り方
1. 黒みつシロップを作る。耐熱容器に材料を入れて混ぜ合わせ、ラップをふんわりかけて電子レンジで黒砂糖がとけるまで温める。あら熱がとれたら冷蔵庫で冷やしておく。
2. 桃は食べやすい大きさに切り、プリンカップに等分に入れる。
3. 小鍋にAを入れ、弱火にかける。混ぜながら寒天を煮とかす。砂糖と豆乳を加え、混ぜながら砂糖を煮とかす（焦げないように注意）。
4. 生クリームを加えて火からおろし、2に等分に注ぐ。あら熱がとれたら冷蔵庫で1時間ほど冷やし固める。1をかける。

栄養の通信簿

ルーローハン献立

- たんぱく質 99%
- 脂質 134%
- 炭水化物 96%
- カルシウム 146%
- マグネシウム 84%
- 鉄 71%
- 亜鉛 131%
- ビタミンA 68%
- ビタミンB1 175%
- ビタミンB2 128%
- ビタミンC 63%
- 食物繊維 62%

1食あたりの理想栄養摂取量を100%とする

▼ トウファ　89kcal　塩分 0.0g

ふわっと広がる甘さがたまらない

▼ ルォボータン　29kcal　塩分 1.0g

大根やしょうがが入ったやさしいスープ

五香粉の香りがそそります

▼ ルーローハン　494kcal　塩分 1.3g

ルーローハン献立
カロリー 738kcal
塩分 2.5g

楽しい食シーンも提供！「世界の料理」と「日本の郷土料理」

From England

楽しい食シーン 2

映画で見たイギリス伝統料理を再現！
シェパーズパイ献立

有名な映画の魔法魔術学校の食事に登場したシェパーズパイ。
ミートソースにマッシュポテトをのせたグラタンは子どもたちが大好きなメニューの一つです。

主菜　シェパーズパイ

● 材料（2人分）
〈マッシュポテト〉
じゃがいも … 大1個（160g）
A ┌ バター … 5g
　├ 牛乳 … 大さじ3
　├ 塩 … ひとつまみ
　└ こしょう … 少々
〈ミートソース〉
豚ひき肉 … 80g
玉ねぎ … 2/3個（120g）
にんじん … 1/4本（45g）
エリンギ … 1/2本（20g）
B ┌ トマトピューレ … 大さじ4
　├ ウスターソース、赤ワイン
　│　　… 各小さじ1
　├ 粉チーズ … 小さじ1
　├ ナツメグ … 少々
　├ 塩 … ひとつまみ
　└ こしょう … 少々
小麦粉 … 小さじ2
サラダ油 … 小さじ1/2

● 作り方
1 マッシュポテトを作る。じゃがいもは一口大に切り、水にさらして水けをきる。鍋に入れ、かぶるくらいの水を加えてゆでる。
2 じゃがいもに竹串がすっと通ったら、湯をきって熱いうちにつぶす。Aのバターと牛乳を加えてなめらかに混ぜ、残りのAで調味し、冷ましておく。
3 ミートソースを作る。玉ねぎ、にんじん、エリンギはみじん切りにする。
4 フライパンにサラダ油、ひき肉を入れて中火で炒める。火が通ったら、3を加えてさらに炒め、小麦粉をふり入れてしっかりと混ぜる。
5 Bを加えて混ぜ、汁けがなくなるまで煮詰める。
6 グラタン皿に5を入れて平らにならし、2を全体にのせる。フォークなどでならし、250度に予熱したオーブンで8分ほど焼く。

主食　ロールパン

汁物　スコッチブロス

● 材料（2人分）
米粒麦 … 小さじ2
鶏もも肉 … 40g
玉ねぎ … 1/3個（60g）
キャベツ … 1枚（50g）
にんじん … 2cm（20g）
A ┌ 水 … 1と1/2カップ
　└ スープのもと（顆粒）… 小さじ1と1/2
B ┌ 塩 … ひとつまみ
　└ こしょう … 少々
ドライパセリ … 少々

● 作り方
1 米粒麦はやわらかくなるまでゆで、ざるにあけて流水でさっと洗い、水けをきる。
2 鶏肉は2cm角に切る。玉ねぎは薄切り、キャベツは4cm長さの細めの短冊切り、にんじんはせん切りにする。
3 鍋にAを入れて火にかけ、煮立ったら鶏肉を加える。アクが出たらとり除き、肉の色が変わったら玉ねぎ、キャベツ、にんじんを加えて煮る。
4 野菜がやわらかくなったら1を加え、Bで調味して器に盛り、パセリをふる。

栄養の通信簿
シェパーズパイ献立
たんぱく質 106%
脂質 126%
炭水化物 87%
カルシウム 160%
マグネシウム 99%
鉄 60%
亜鉛 143%
ビタミンA 158%
ビタミンB₁ 183%
ビタミンB₂ 158%
ビタミンC 141%
食物繊維 223%
1食あたりの理想栄養摂取量を100%とする

麦のプチプチ食感が楽しい

▲ ロールパン(30g×2)
185kcal
塩分 0.7g

▲ スコッチブロス
112kcal
塩分 1.2g

▲ シェパーズパイ
239kcal
塩分 0.9g

ミートソースとポテトの相性が最高！

シェパーズパイ献立
カロリー 662kcal
塩分 3.0g

楽しい食シーンも提供！「世界の料理」と「日本の郷土料理」

From Thailand

楽しい食シーン 3

タイ国民のソウルフード
ガパオライス献立

日本では甘辛く味つけをしたひき肉と野菜をごはんにのせたものをガパオライスと呼んでいます。ちなみにガパオとはタイ語でバジルのことです。

主食 ガパオライス

● 材料（2人分）

鶏ひき肉 … 90g
玉ねぎ … 1/3個（60g）
にんじん … 2cm（20g）
ピーマン … 1個（40g）
パプリカ … 1/12個（15g）
大豆（水煮）… 20g
にんにく（みじん切り）… 小さじ1/3（1.6g）
　※チューブなら1.5cm
A ┌ 水 … 大さじ1
　│ しょうゆ、オイスターソース
　│ 　… 各小さじ1
　│ みりん、砂糖 … 各小さじ1/2
　│ 塩、こしょう … 各少々
　│ バジル（乾燥）… 小さじ1/3
　└ チリパウダー … 適宜
うずら卵（水煮）… 6個
温かいごはん … 1合分
ごま油 … 小さじ1/2

● 作り方

1. 玉ねぎ、にんじん、ピーマン、パプリカ、大豆はすべてあらみじんに切る。
2. フライパンにごま油、にんにく、ひき肉を入れて中火で炒める。火が通ったら、にんじんと玉ねぎを加え、玉ねぎが透き通るまで炒める。
3. ピーマンとパプリカを加えてさっと炒め、大豆とAを加えて煮る。
4. 野菜がやわらかくなったら、うずら卵を加えてひと混ぜする。
5. 器にごはんを盛り、4をかける。

汁物 ビーフンスープ

● 材料（2人分）

ビーフン … 15g
豚こまぎれ肉 … 20g
玉ねぎ … 1/4個（45g）
にんじん … 1.5cm（15g）
キャベツ … 1枚（50g）
もやし … 1/6袋（30g）
A ┌ 水 … 1と1/2カップ
　└ 鶏ガラスープのもと … 小さじ1
B ┌ しょうゆ … 小さじ1/2
　│ 塩 … ひとつまみ
　└ こしょう … 少々
サラダ油 … 小さじ1/2

● 作り方

1. ビーフンはぬるま湯でもどし、ざく切りにする。
2. 玉ねぎは薄切り、にんじんはせん切り、キャベツは4cm長さの細めの短冊切りにする。
3. 鍋にサラダ油、豚肉を入れて中火で炒める。火が通ったら、2ともやし、Aを加えて煮る。
4. 野菜がやわらかくなったらBで調味し、1を加えてひと煮する。

デザート マンゴーゼリー

● 材料（2人分）

A ┌ 粉寒天 … 1g
　│ 水 … 1/4カップ
　└ 砂糖 … 小さじ2
マンゴージュース … 1/3カップ
黄桃（缶詰）… 60g
黄桃（缶詰）のシロップ … 大さじ1
レモン汁 … 小さじ1/2

● 作り方

1. 小鍋にAを合わせて弱火にかけ、混ぜながら寒天と砂糖を煮とかす。
2. マンゴージュースと黄桃、シロップを合わせてミキサーにかけ、なめらかにする。
3. 1に2とレモン汁を加えて混ぜる。
4. 器に等分に注ぎ、冷蔵庫で冷やし固める。

栄養の通信簿　ガパオライス献立

- たんぱく質 101%
- 脂質 101%
- 炭水化物 108%
- カルシウム 142%
- マグネシウム 87%
- 鉄 91%
- 亜鉛 135%
- ビタミンA 157%
- ビタミンB1 90%
- ビタミンB2 150%
- ビタミンC 165%
- 食物繊維 80%

1食あたりの理想栄養摂取量を100%とする

▼ マンゴーゼリー
76kcal
塩分 0.0g

ビーフンの
つるつるした
食感が好き

▼ ビーフンスープ
77kcal
塩分 1.2g

とろんと甘い
マンゴーが
ゼリーに♡

目玉焼きの
かわりに
うずらの卵！

▲ ガパオライス
437kcal
塩分 1.0g

楽しい食シーンも提供！「世界の料理」と「日本の郷土料理」

ガパオライス献立
カロリー 716kcal
塩分 2.4g

85

From Okinawa

楽しい食シーン 4

沖縄の郷土料理をすべて手作り
厚揚げチャンプルー献立

チャンプルーは沖縄を代表する家庭料理で、豆腐と季節野菜の炒め物のこと。豆腐の代わりに厚揚げを使ったアレンジレシピです。今日は、ごはんもデザートも沖縄の味。

主菜 厚揚げチャンプルー

● 材料（2人分）
- 豚こまぎれ肉 … 50g
- 厚揚げ … 1/2枚（100g）
- にら … 1/4束（25g）
- もやし … 3/4袋（150g）
- 卵 … 1個
- A しょうゆ … 大さじ1/2
   塩 … 少々（ふたつまみ）
   こしょう … 少々
- 削り節（細め） … 小1/2袋（1g）
- サラダ油 … 小さじ1

● 作り方
1. 厚揚げはペーパータオルで油を押さえて1cm厚さの色紙切り、にらは3cm長さに切る。
2. フライパンにサラダ油、豚肉を入れて中火で炒める。火が通ったら、もやしと厚揚げを加えて炒め、Aで調味する。
3. 卵はときほぐし、2に加えて混ぜながら火を通す。にらを加えてさっと炒めて器に盛り、削り節をのせる。

主食 クワジューシー

● 材料（2人分）
- 米 … 1合
- 豚こまぎれ肉 … 25g
- にんじん … 1cm（10g）
- しいたけ … 1枚（20g）
- かまぼこ … 1.5cm（12g）
- 万能ねぎ … 1本（4g）
- 細切り昆布 … 小さじ1
  ※塩昆布でもよい
- A 酒、しょうゆ … 各小さじ1/2
   塩 … ひとつまみ
   みりん … 小さじ1/4
- しょうゆ … 小さじ1
- サラダ油 … 小さじ1/2

● 作り方
1. 豚肉は食べやすい大きさに切る。にんじんはみじん切り、しいたけは石づきを除いてみじん切り、かまぼこは5mm厚さのいちょう切りにする。万能ねぎは小口切りにする。
2. フライパンにサラダ油、豚肉を入れて中火で炒める。色が変わったらにんじんとしいたけを加えて炒め、火が通ったらかまぼこと昆布を加えて炒め、Aで調味する。煮汁と具を分けておく。
3. 米は炊く30分前に洗ってざるに上げておく。炊飯器に米、2の煮汁としょうゆを入れ、水を1合の目盛りまで足してさっと混ぜ、普通に炊く。
4. 3が炊き上がったら、2の具を加えて混ぜ、器に盛り、万能ねぎを散らす。

副菜 レモンあえ

● 材料（2人分）
- もやし … 1/4袋（50g）
- キャベツ … 1枚（50g）
- 小松菜 … 1株（40g）
- A しょうゆ … 小さじ1
   レモン汁 … 小さじ1/2

● 作り方
1. キャベツはせん切り、小松菜はざく切りにする。
2. 鍋に湯を沸かし1ともやしをゆでて、流水で冷まし、水けを絞る。
3. 耐熱容器にAを入れて混ぜ合わせ、ラップをふんわりかけて電子レンジで20秒加熱し、冷ます。
4. ボウルに2を入れ、食べる直前に3を加えてあえる。

デザート ちんすこう

● 材料（2人分）
- ラード … 10g
- 砂糖 … 10g ※黒砂糖やきび砂糖でもよい
- 小麦粉 … 20g

● 作り方
1. ラードは常温でやわらかくし、砂糖を加えてよくすりまぜる。小麦粉を加えてへらで混ぜ合わせる。
2. 1を2等分して丸めてつぶし、小判形にする。
3. 天板にオーブン用シートを敷き、2を間をあけて並べる。170度に予熱したオーブンで10〜12分焼き、そのままあら熱がとれるまでおく。

※焼き上がりはくずれやすいので注意

栄養の通信簿 — 厚揚げチャンプルー献立
- たんぱく質 114%
- 脂質 131%
- 炭水化物 91%
- カルシウム 204%
- マグネシウム 115%
- 鉄 114%
- 亜鉛 165%
- ビタミンA 112%
- ビタミンB1 153%
- ビタミンB2 173%
- ビタミンC 99%
- 食物繊維 73%

1食あたりの理想栄養摂取量を100％とする

87

From Hokkaido

楽しい食シーン 5

北海道の味で心までホカホカに
鮭のちゃんちゃん焼き献立

鮭に季節の野菜を合わせてバターやみそで味つけした、北海道の郷土料理です。
ホイル焼きなら家庭でも簡単&手軽に作れます。

主菜 鮭のちゃんちゃん焼き

● 材料（2人分）

生鮭 … 2切れ（140g）
A ┌ 酒 … 小さじ1
　 └ 塩、こしょう … 各少々
キャベツ … 大1/2枚（35g）
玉ねぎ … 1/6個（30g）
にんじん … 1cm（10g）
ピーマン … 1/6個（6g）
B ┌ 白みそ … 小さじ1と2/3
　 │ 砂糖 … 小さじ2/3
　 │ しょうゆ、みりん … 各小さじ1/3
　 └ バター … 10g

● 作り方

1 鮭はAの酒をまぶし、汁けをきって塩とこしょうで下味をつける。
2 キャベツは4cm長さの細めの短冊切り、玉ねぎは薄切りにする。にんじんとピーマンはせん切りにする。
3 鍋に湯を沸かして2をゆで、水けをきって冷ます。
4 Bはまぜ合わせる。
5 アルミホイルに1を1切れ置き、3の半量をのせ、4の半量をかけて包む。同じものをもう1つ作る。200度に予熱したオーブンで15分ほど焼く。
※オーブンのかわりに魚焼きグリル、またはフライパンで蒸し焼きもできます

汁物 どさんこ汁

● 材料（2人分）

豚こまぎれ肉 … 20g
玉ねぎ … 1/6個（30g）
じゃがいも … 1/2個（65g）
大根 … 1.5cm（30g）
にんじん … 1.5cm（15g）
ホールコーン（冷凍）… 大さじ2（20g）
だし … 1と1/2カップ
A ┌ みそ … 小さじ2
　 │ しょうゆ … 小さじ1
　 └ バター … 5g

● 作り方

1 玉ねぎは薄切りにする。じゃがいもは1.5cm厚さ、大根とにんじんは5mm厚さのいちょう切りにする。
2 鍋にだしを入れて火にかけ、沸騰したら豚肉、玉ねぎ、大根、にんじんを加えて大根とにんじんがやわらかくなるまで煮る。
3 じゃがいもとコーンを加えて煮、じゃがいもに火が通ったらAで調味する。

主食 ごはん

果物 りんご

栄養の通信簿
鮭のちゃんちゃん焼き献立

1食あたりの理想栄養摂取量を100%とする

鮭のちゃんちゃん焼き献立

主な材料別索引

肉類

● 鶏肉
えびクリームライス	12
けんちんうどん	48
コーンチャウダー	72
スコッチブロス	82
チキンタレカツ	16
チキンロール	42
筑前煮	44
中華コーンスープ	62
みぞれ汁	20
ヤンニョムチキン	18
ルォボータン	80

● 豚肉
厚揚げチャンプルー	86
かぼちゃと豚肉のみそ汁	22
キムチチャーハン	36
給食のカレーライス	10
切り干し大根のビビンバ	70
きんぴらドッグ	72
クワジューシー	86
大豆と野菜のスープ	60
豆腐と卵のスープ	58
どさんこ汁	88
ねぎ塩豚丼	14
ハンガリアンシチュー	34
ビーフンスープ	84
ピリ辛小松菜丼	58
ポークビーンズ	42
野菜たっぷりしょうゆラーメン	24
ルーローハン	80
ワンタンスープ	70

● 鶏ひき肉
ガパオライス	84
こぎつねごはん	38
小松菜入り豆腐つくね	64
中華おこわ	46
春雨入り肉だんごスープ	46

● 豚ひき肉
小松菜入りジャンボ揚げ餃子	62
サモサ	24
シェパーズパイ	82
ジャージャー麺	28
スパゲティミートソース	40
大豆入りドライカレー	68
チリコンカン	26
ハンガリアンシチュー	34

加工肉

● ベーコン
キャベツのグラタン	66
コーンチャウダー	72
小松菜のクリームスパゲティ	60

● ハム
トックスープ	18

魚介類

● いか
いかのかりんとうがらめ	38

● えび
えびクリームライス	12
小松菜のクリームスパゲティ	60
中華おこわ	46

● 鮭
鮭のちゃんちゃん焼き	88

● ししゃも
小魚のから揚げ	70
ししゃもの二色春巻き	22

● 白身魚
魚のみそマヨネーズ焼き	20

● ちりめんじゃこ
青のりポテトビーンズ	28
揚げワンタンサラダ	36

● ツナ(缶)
こまツナサラダ	58
ツナとわかめのあえ物	48

● かまぼこ
クワジューシー	86

卵

● 卵
厚揚げチャンプルー	86
かきたま汁	38
キムチチャーハン	36
小松菜カップケーキ	60
中華コーンスープ	62
豆腐と卵のスープ	58
ブロッコリーと卵のサラダ	26

● うずらの卵
ガパオライス	84

乳製品

● 牛乳
コーンチャウダー	72
小松菜のクリームスパゲティ	60

● チーズ
キャベツのグラタン	66
きんぴらドッグ	72
ししゃもの二色春巻き	22
チーズサラダ	34
チキンロール	42

● ヨーグルト
フルーツヨーグルト	68

豆腐・こんにゃく類

● 厚揚げ

| 厚揚げチャンプルー | 86 |
| 筑前煮 | 44 |

油揚げ
カリカリごまマヨあえ	64
けんちんうどん	48
こぎつねごはん	38
のっぺい汁	16
みぞれ汁	20

こんにゃく
けんちんうどん	48
こんにゃくあえ	22
筑前煮	44

豆腐
かきたま汁	38
小松菜入り豆腐つくね	64
豆腐と卵のスープ	58
トックスープ	18

豆類
● いんげん豆
| ハンガリアンシチュー | 34 |

● 枝豆
| ハンガリアンシチュー | 34 |

● 大豆
青のりポテトビーンズ	28
ガパオライス	84
サモサ	24
大豆入りドライカレー	68
大豆と野菜のスープ	60
チリコンカン	26
ポークビーンズ	42

● レンズ豆
| スパゲティミートソース | 40 |

春雨・ビーフン類
● 春雨
| 春雨入り肉だんごスープ | 46 |
| 春雨サラダ | 14 |

● ビーフン
| ビーフンスープ | 84 |

海藻類
● わかめ・くきわかめ
くきわかめサラダ	68
じゃがいもと玉ねぎとわかめのみそ汁	64
ツナとわかめのあえ物	48
もやしとわかめの甘酢あえ	62

野菜類
● かぼちゃ
| かぼちゃと豚肉のみそ汁 | 22 |

● キャベツ
アーモンド入りサラダ	42
揚げワンタンサラダ	36
アップルドレッシングサラダ	10
おかかあえ	16
カリカリさつまいもサラダ	12
キャベツのグラタン	66
くきわかめサラダ	68
グリーンサラダ	40
ごま酢あえ	38
小松菜入りジャンボ揚げ餃子	62
こまツナサラダ	58
鮭のちゃんちゃん焼き	88
サモサ	24
スコッチブロス	82
大豆と野菜のスープ	60
チーズサラダ	34
のりあえ	44
春雨サラダ	14
ビーフンスープ	84
ブロッコリーと卵のサラダ	26
レモンあえ	86

● きゅうり
アーモンド入りサラダ	42
アップルドレッシングサラダ	10
カリカリさつまいもサラダ	12
くきわかめサラダ	68
グリーンサラダ	40
ジャージャー麺	28
チーズサラダ	34
ツナとわかめのあえ物	48
ナムル	18
春雨サラダ	14
マセドアンサラダ	66
もやしとわかめの甘酢あえ	62

● 切り干し大根
| 切り干し大根のビビンバ | 70 |

● グリーンアスパラガス
| グリーンサラダ | 40 |

● コーン
アーモンド入りサラダ	42
グリーンサラダ	40
コーンチャウダー	72
こまツナサラダ	58
中華コーンスープ	62
どさんこ汁	88
マセドアンサラダ	66
野菜たっぷりしょうゆラーメン	24

● ごぼう
きんぴらドッグ	72
筑前煮	44
のっぺい汁	16

● 小松菜
| 揚げワンタンサラダ | 36 |
| アップルドレッシングサラダ | 10 |

主な材料別索引

おかかあえ	16
かきたま汁	38
からしあえ	20
カリカリごまマヨあえ	64
切り干し大根のビビンバ	70
コーンチャウダー	72
ごま酢あえ	38
小松菜入りジャンボ揚げ餃子	62
小松菜入り豆腐つくね	64
小松菜カップケーキ	60
こまツナサラダ	58
小松菜のクリームスパゲティ	60
こんにゃくあえ	22
チーズサラダ	34
中華おこわ	46
中華コーンスープ	62
トックスープ	18
のりあえ	44
ピリ辛小松菜丼	58
野菜たっぷりしょうゆラーメン	24
ルーローハン	80
レモンあえ	86
ワンタンスープ	70

● さつまいも
カリカリさつまいもサラダ	12
大学いも	48

● 里いも
のっぺい汁	16
みぞれ汁	20

● じゃがいも
青のりポテトビーンズ	28
給食のカレーライス	10
コーンチャウダー	72
サモサ	24
シェパーズパイ	82
じゃがいもと玉ねぎとわかめのみそ汁	64
大豆と野菜のスープ	60
筑前煮	44
チリコンカン	26
どさんこ汁	88
ハンガリアンシチュー	34
ポークビーンズ	42
マセドアンサラダ	66

● 大根
けんちんうどん	48
どさんこ汁	88
のっぺい汁	16
みぞれ汁	20
ルォボータン	80

● たけのこ
筑前煮	44
中華おこわ	46
春雨入り肉だんごスープ	46

● 玉ねぎ
えびクリームライス	12
かきたま汁	38
ガパオライス	84
かぼちゃと豚肉のみそ汁	22
キャベツのグラタン	66
給食のカレーライス	10
コーンチャウダー	72
小松菜入り豆腐つくね	64
小松菜のクリームスパゲティ	60
魚のみそマヨネーズ焼き	20
鮭のちゃんちゃん焼き	88
サモサ	24
シェパーズパイ	82
ジャージャー麺	28
じゃがいもと玉ねぎとわかめのみそ汁	64
スコッチブロス	82
スパゲティミートソース	40
大豆入りドライカレー	68
大豆と野菜のスープ	60
中華コーンスープ	62
チリコンカン	26
どさんこ汁	88
トックスープ	18
ねぎ塩豚丼	14
ハンガリアンシチュー	34
ビーフンスープ	84
ピリ辛小松菜丼	58
ポークビーンズ	42
野菜たっぷりしょうゆラーメン	24
ルーローハン	80

● 長ねぎ
キムチチャーハン	36
けんちんうどん	48
ねぎ塩豚丼	14
のっぺい汁	16
みぞれ汁	20
ルォボータン	80

● にら
厚揚げチャンプルー	86

● にんじん
アーモンド入りサラダ	42
揚げワンタンサラダ	36
アップルドレッシングサラダ	10
えびクリームライス	12
おかかあえ	16
ガパオライス	84
からしあえ	20
カリカリごまマヨあえ	64
カリカリさつまいもサラダ	12
キムチチャーハン	36
給食のカレーライス	10
切り干し大根のビビンバ	70

きんぴらドッグ	72
くきわかめサラダ	68
クワジューシー	86
けんちんうどん	48
コーンチャウダー	72
こぎつねごはん	38
ごま酢あえ	38
こんにゃくあえ	22
鮭のちゃんちゃん焼き	88
サモサ	24
シェパーズパイ	82
スコッチブロス	82
スパゲティミートソース	40
大豆入りドライカレー	68
大豆と野菜のスープ	60
チーズサラダ	34
筑前煮	44
中華おこわ	46
中華コーンスープ	62
チリコンカン	26
どさんこ汁	88
ナムル	18
のっぺい汁	16
のりあえ	44
春雨入り肉だんごスープ	46
春雨サラダ	14
ハンガリアンシチュー	34
ビーフンスープ	84
ピリ辛小松菜丼	58
ポークビーンズ	42
マセドアンサラダ	66
みぞれ汁	20
もやしとわかめの甘酢あえ	62
野菜たっぷりしょうゆラーメン	24
ワンタンスープ	70

白菜
春雨入り肉だんごスープ	46
ワンタンスープ	70

白菜キムチ
キムチチャーハン	36

ピーマン
ガパオライス	84
鮭のちゃんちゃん焼き	88

ブロッコリー
コーンチャウダー	72
ブロッコリーと卵のサラダ	26

もやし
揚げワンタンサラダ	36
厚揚げチャンプルー	86
おかかあえ	16
からしあえ	20
カリカリごまマヨあえ	64
カリカリさつまいもサラダ	12

切り干し大根のビビンバ	70
くきわかめサラダ	68
ごま酢あえ	38
こんにゃくあえ	22
ジャージャー麺	28
ツナとわかめのあえ物	48
ナムル	18
ねぎ塩豚丼	14
のりあえ	44
春雨サラダ	14
ビーフンスープ	84
もやしとわかめの甘酢あえ	62
野菜たっぷりしょうゆラーメン	24
レモンあえ	86

きのこ類
えのきだけ
かきたま汁	38

エリンギ
えびクリームライス	12
シェパーズパイ	82
ハンガリアンシチュー	34

しいたけ
クワジューシー	86
ジャージャー麺	28

しめじ
コーンチャウダー	72
小松菜のクリームスパゲティ	60
ピリ辛小松菜丼	58

干ししいたけ
筑前煮	44
中華おこわ	46

フルーツ類
黄桃
杏仁豆腐	46
不思議な目玉焼き	36
マンゴーゼリー	84

白桃
トウファ	80
フルーツパンチ	10
フルーツヨーグルト	68

パイナップル
杏仁豆腐	46
サイダーゼリー	72
フルーツパンチ	10
フルーツヨーグルト	68

みかん
杏仁豆腐	46
サイダーゼリー	72
フルーツパンチ	10
フルーツヨーグルト	68

「足立区のおいしい給食」の現場は子どもたちの笑顔と大人たちの活気にあふれていました。

—— 編集取材後記

本書を最後までお読みいただきまして、ありがとうございました。
「足立区のおいしい給食」レシピ、いかがでしたでしょうか。

主婦の友社の取材班は、この本の制作にあたり、
足立区の給食にかかわる多くの方々にお会いし、たくさんお話を伺いました。

日々、子どもたちが楽しんで食べられる献立を考えている栄養士さん。
安全・安心な給食を作り続ける現場の調理員さん。
少しでもおいしい野菜やパンを！と尽力されている方々。
この「足立区のおいしい給食」事業を広めるために、
さまざまなお取り組みをしている企業の方々。
そして、著者である足立区教育委員会おいしい給食担当課の皆さま。

どの方も、足立区の給食事業をさらによくしていこうと、
とてもエネルギッシュで前向き！
立場は違えど、同じ目標に向かって本気で進む姿は、とても魅力的でした。

今回、島根小学校に撮影に伺ったのですが、
みんな給食の時間になると笑顔満開、
おいしそうにパクパクと給食を食べている姿を見て、
大人たちの本気が、子どもたちにしっかりと伝わっていると感じました。

この本では、足立区の給食メニューの中でも
特に人気の31献立・87メニューを紹介しています。
どれもとてもおいしくて味わい深く、新しさと懐かしさを同時に感じるものばかりです。

材料も調味料も種類が多めで、今どき人気の時短レシピではないのですが、
その分、給食の味がきちんと再現できるレシピになっています。

「日本一の給食」を目指すこれらのレシピを
皆様のレパートリーに1つでも加えていただけましたら幸いです。

2024年12月

主婦の友社取材班

足立区教育委員会おいしい給食担当課

足立区の「おいしい給食」は、できたての「味」、安全・安心で地のもの、旬のものを取り入れた「食材」、食べたくなる「献立」、安全面・衛生面に配慮した「調理環境」にこだわり、子どもたちに提供しています。各校調理方式で作られる給食は、「おいしい」と感じるだけでなく、自然の恵みや料理を作ってくれる人への感謝の気持ちを育み、子どもたちの心も体も豊かにすることを目指しています。
足立区のおいしい給食HP●
https://www.city.adachi.tokyo.jp/k-kyoiku/kyushoku/

STAFF
デザイン　今井悦子（MET）
撮影　　佐山裕子（主婦の友社・料理）
　　　　柴田和宣（主婦の友社・p.30-31、p.50-51）
　　　　鈴木江実子（学校取材写真、p.52、p.76-78）
料理製作協力　ダンノマリコ
スタイリング　ダンノマリコ
取材まとめ　市田愛子（Studio Mercato）
編集　木村晶子
編集デスク　大隅優子（主婦の友社）

東京・足立区のおいしい給食レシピ

令和7年1月20日　第1刷発行

著　者　足立区教育委員会おいしい給食担当課
発行者　大宮敏靖
発行所　株式会社主婦の友社
　　　　〒141-0021　東京都品川区上大崎3-1-1　目黒セントラルスクエア
　　　　電話03-5280-7537（内容・不良品等のお問い合わせ）
　　　　　　049-259-1236（販売）
印刷所　大日本印刷株式会社

©Adachi City 2024　Printed in Japan　ISBN978-4-07-460902-4

■本のご注文は、お近くの書店または主婦の友社コールセンター（電話0120-916-892）まで。
＊お問い合わせ受付時間　月〜金（祝日を除く）　10:00〜16:00
＊個人のお客さまからのよくある質問のご案内　https://shufunotomo.co.jp/faq/

Ⓡ〈日本複製権センター委託出版物〉
本書を無断で複写複製（電子化を含む）することは、著作権法上の例外を除き、禁じられています。本書をコピーされる場合は、事前に公益社団法人日本複製権センター（JRRC）の許諾を受けてください。また本書を代行業者等の第三者に依頼してスキャンやデジタル化することは、たとえ個人や家庭内での利用であっても一切認められておりません。
JRRC〈https://jrrc.or.jp　eメール：jrrc_info@jrrc.or.jp　電話：03-6809-1281〉